Antiupalna kuharica

Otkrijte moć hrane za borbu protiv upala uz ukusne recepte i savjete za zdraviji život

Ana Marija Petrović

Sadržaj

Porcije smoothieja od jagoda i kivija: 1 16

Sastojci: 16

Upute: 16

Kaša od lana i cimeta Porcije: 4 17

Sastojci: 17

Upute: 17

Pločice za doručak sa slatkim krumpirom i brusnicama Porcije: 8 19

Sastojci: 19

Upute: 20

Porcije zobene kaše od bundeve i začina: 6 21

Sastojci: 21

Upute: 21

Porcije kajgane sa špinatom i rajčicama: 1 23

Sastojci: 23

Upute: 23

Porcije smoothieja od tropske mrkve, đumbira i kurkume: 1 25

Sastojci: 25

Upute: 26

Zlatni kruh s cimetom i vanilijom 27

Porcije: 4 27

Sastojci: 27

Upute: 27

Porcije čamca od avokada za doručak: 2 29

Sastojci: 29

Upute: 29

Porcije mljevene puretine: 4 31

Sastojci: 31

Upute: 32

Steel Cut zob s kefirom i bobicama 34

Porcije: 4 34

Sastojci: 34

Fantastični špageti squash sa sirom i pestom od bosiljka 36

Sastojci: 36

Upute: 36

Porcije smoothieja od naranče i breskve: 2 38

Sastojci: 38

Upute: 38

Banana i badem muffini s maslacem Porcije: 6 39

Sastojci: 39

Upute: 39

Porcije kaše za doručak: 1 41

Sastojci: 41

Upute: 42

Porcije zobenih pahuljica preko noći s kruhom od banane: 3 43

Sastojci: 43

Upute: 44

Porcije Choco Chia Banana Zdjela: 3 45

Sastojci: 45

Upute: 46

Porcije protuupalnog smoothieja od višanja i špinata: 1 47

Sastojci: 47

Upute: 48

Porcije ljute Shakshuke: 4 49

Sastojci: 49

Upute: 50

Porcije zlatnog mlijeka od 5 minuta: 1 52

Sastojci: 52

Upute: 52

Porcije zobene kaše za doručak: 1 54

Sastojci: 54

Upute: 54

Porcije proteinskih krafni s kurkumom bez pečenja: 8 56

Sastojci: 56

Upute: 56

Porcije fritaje od chedara i kelja: 6 58

Sastojci: 58

Upute: 58

Porcije mediteranske fritaje: 6 60

Sastojci: 60

Upute: 60

Porcije granole od heljde, cimeta i đumbira: 5 62

Sastojci: 62

Upute: 63

Porcije palačinki s korijanderom: 6 64

Sastojci: 64

Upute: 64

Porcije smoothieja od maline i grejpa: 1 66

Sastojci: 66

Upute: 66

Granola s maslacem od kikirikija Porcije: 8 67

Sastojci: 67

Upute: 67

Porcije kajgane u pećnici s kurkumom: 6 69

Sastojci: 69

Upute: 69

Porcije mekinja za doručak s chia i zobi: 2 71

Sastojci: 71

Upute: 71

Recept za muffine od rabarbare, jabuke i đumbira Porcije: 8 73

Sastojci: 73

Porcije žitarica i voća za doručak: 6 76

Sastojci: 76

Upute: 76

Porcije perky paleo krumpira i proteinskog praha: 1 78

Sastojci: 78

Upute: 79

Bruschetta od rajčice i bosiljka Porcije: 8 80

Sastojci: 80

Upute: 80

Palačinke od cimeta s porcijama kokosa: 2 82

Sastojci: 82

Upute: 82

Porcije zobene kaše od borovnice i banane: 6 84

Sastojci: 84

Upute: 85

Porcije tosta s poširanim jajima lososa: 2 86

Sastojci: 86

Upute: 86

Porcije Chia pudinga za doručak: 2 88

Sastojci: 88

Upute: 88

Jaja Au Fromage Porcije: 1 89

Sastojci: 89

Upute: 89

Porcije tropskih zdjelica: 2 91

Sastojci: 91

Upute: 91

Porcije Tex-Mex prženih krumpira: 4 92

Sastojci: 92

Upute: 92

Shirataki tjestenina s avokadom i vrhnjem Porcije: 2 94

Sastojci: 94

Upute: 94

Ukusne porcije kaše od amaranta: 2 96

Sastojci: 96

Upute: 97

Palačinke od bademovog brašna sa krem sirom Porcije: 2 98

Sastojci: 98

Upute: 98

Porcije hašiša za doručak s jabukama i puretinom: 5 100

Sastojci: 100

Upute: 101

Porcije muffina sa sirom i sjemenkama konoplje: 2 103

Sastojci: 103

Upute: 104

Vafli od cvjetače sa sirom i vlascem Porcije: 2 106

Sastojci: 106

Upute: 106

Porcije sendviča za doručak: 1 108

Sastojci: 108

Upute: 108

106. Porcije slanih vegetarijanskih muffina: 5 108

Sastojci: 108

Upute: 109

Porcije palačinki od tikvica: 8 111

Sastojci: 111

Upute: 111

Burgeri za doručak s pecivima od avokada Porcije: 1 113

Sastojci: 113

Upute: 113

Pikantna brokula, cvjetača i tofu s crvenim lukom 115

Sastojci: 115

Upute: 116

Porcije graha i lososa u tavi: 4 117

Sastojci: 117

Upute: 118

Porcije juhe od mrkve: 4 119

Sastojci: 119

Upute: 120

Porcije zdrave salate od tjestenine: 6 121

Sastojci: 121

Upute: 121

Porcije karija od slanutka: 4 do 6 123

Sastojci: 123

Upute: 124

Mljeveno meso Stroganoff Sastojci: 125

Upute: 125

Porcije rebarca u umaku: 4 127

Sastojci: 127

Upute: 128

Porcije bezglutenske pileće juhe i juhe s rezancima: 4 129

Sastojci: 129

Porcije leće: 4 131

Sastojci: 131

Upute: 132

Porcije pržene piletine i graška: 4 133

Sastojci: 133

Upute: 134

Sočni brokule s inćunima i bademima Porcije: 6 135

Sastojci: 135

Upute: 135

Porcije šitake i špinata pljeskavice: 8 137

Sastojci: 137

Upute: 138

Porcije salate od brokule i cvjetače: 6 139

Sastojci: 139

Upute: 140

Pileća salata na kineski način 141

Porcije: 3 141

Sastojci: 141

Upute: 142

Porcije paprika punjenih amarantom i kvinojom: 4 143

Sastojci: 143

Hrskavi riblji fileti u kori od sira Porcije: 4 145

Sastojci: 145

Upute: 145

Proteinski grah i zelene punjene školjke 147

Sastojci: 147

Azijska salata s rezancima: 150

Upute: 150

Porcije lososa i mahuna: 4 152

Sastojci: 152

Upute: 152

Sastojci za piletinu punjenu sirom 154

Upute: 155

Rukola s gorgonzola vinaigrette Porcije: 4 156

Sastojci: 156

Upute: 156

Porcije supe od kupusa: 6 158

Sastojci: 158

Porcije riže od cvjetače: 4 159

Sastojci: 159

Upute: 159

Porcije feta fritaje i špinata: 4 160

Sastojci: 160

Upute: 160

Sastojci za naljepnice Fiery Chicken Pot 162

Upute: 163

Račići s češnjakom i izmrvljenom cvjetačom Porcije: 2 163

Sastojci: 164

Upute: 164

Porcije tune i brokule: 1 166

Sastojci: 166

Upute: 166

Juha od butternut tikve i škampi Porcije: 4 167

Sastojci: 167

Upute: 168

Porcije ukusnih pečenih purećih okruglica: 6 169

Sastojci: 169

Upute: 169

Porcije bistre juhe od školjki: 4 171

Sastojci: 171

Upute: 172

Porcije riže i piletine u loncu: 4 173

Sastojci: 173

Upute: 174

Jambalaya od pirjanih škampa Porcije: 4 176

Sastojci: 176

Porcije piletine s čilijem: 6 178

Sastojci: 178

Upute: 179

Porcije juhe od češnjaka i leće: 4 180

Sastojci: 180

Pikantne tikvice i piletina u klasičnom Santa Fe prženju 182

Sastojci: 182

Upute: 183

Tacosi od tilapije s vrhunskom salatom od đumbira i sezama 184

Sastojci: 184

Upute: 184

Porcije variva od curry leće: 4 186

Sastojci: 186

Upute: 186

Cezar salata s keljom i pilećim zamotom na žaru Porcije: 2 188

Sastojci: 188

Upute: 189

Porcije salate od špinata: 1 190

Sastojci: 190

Upute: 190

Losos u korici s orasima i ružmarinom Porcije: 6 191

Sastojci: 191

Upute: 192

Pečeni slatki krumpir s crvenim tahini umakom Porcije: 4 193

Sastojci: 193

Upute: 194

Porcije talijanske ljetne juhe od tikvica: 4 195

Sastojci: 195

Upute: 196

Porcije juhe od šafrana i lososa: 4 197

Sastojci: 197

Slatko-kisela juha sa škampima i gljivama s tajlandskim okusom 199

Sastojci: 199

Upute: 200

Orzo sa sušenim rajčicama Sastojci: 202

Upute: 202

Porcije juhe od gljiva i cikle: 4 203

Sastojci: 203

Upute: 204

Sastojci za pileće okruglice s parmezanom: 205

Upute: 205

Mesne okruglice Alla Parmigiana Sastojci: 207

Upute: 208

Tanjur purećih prsa sa zlatnim povrćem 209

Sastojci: 209

Upute: 209

Zeleni curry s kokosom i kuhanom rižom Porcije: 8 211

Sastojci: 211

Upute: 211

Porcije smoothieja od jagoda i kivija: 1

Vrijeme kuhanja: 0 minuta

Sastojci:

Kivi, oguljen i nasjeckan, jedan

Jagode, svježe ili smrznute, 1/2 šalice, nasjeckane Mlijeko, badem ili kokos, 1 šalica

Bosiljak, mljeveni, jedna žličica

Kurkuma, žličica

Banana, na kockice, jedna

Chia sjemenke u prahu, jedna četvrtina šalice

Upute:

1. Popijte odmah nakon što su svi sastojci dobro izmiješani.

Nutritivne informacije:Kalorije 250 šećera 9,9 grama masti 1 gram grama 34

ugljikohidrati vlakna 4,3 grama

Kaša od lana i cimeta Porcije: 4

Vrijeme kuhanja: 5 minuta

Sastojci:

1 žličica cimeta

1½ žličice stevije

1 žlica neslanog maslaca

2 žlice lanenog brašna

2 žlice zobenih pahuljica

½ šalice naribanog kokosa

1 šalica gustog vrhnja

2 šalice vode

Upute:

1. Uzmite srednju posudu za umake, stavite je na laganu vatru, dodajte sve sastojke, miješajte dok se smjesa ne sjedini i pustite da zavrije.

2. Kad smjesa prokuha, maknite posudu s vatre, dobro promiješajte i ravnomjerno rasporedite u četiri posude.

3. Ostavite kašu da odstoji 10 minuta dok se malo ne zgusne pa poslužite.

<u>Nutritivne informacije:</u>Kalorija 171, ukupni lipidi 16 g, ukupni ugljikohidrati 6 g, proteini 2 g

Pločice za doručak sa slatkim krumpirom i brusnicama Porcije: 8

Vrijeme kuhanja: 40 minuta

Sastojci:

1 ½ šalice pirea od slatkog krumpira

2 žlice kokosovog ulja, otopljenog

2 žlice javorovog sirupa

2 jaja, pašnjački uzgojeni

1 šalica bademovog brašna

1/3 šalice kokosovog brašna

1 ½ žličice sode bikarbone

1 šalica svježih brusnica, bez koštica i nasjeckanih

šalice vode

Upute:

1. Zagrijte pećnicu na 350°F.

2. Namažite posudu za pečenje od 9 inča kokosovim uljem. Staviti na stranu.

3. U zdjelu za miješanje. Pomiješajte pire od batata, vodu, kokosovo ulje, javorov sirup i jaja.

4. U drugu zdjelu prosijte bademovo brašno, kokosovo brašno i sodu bikarbonu.

5. Postupno dodajte suhe sastojke mokrim sastojcima. Lopaticom savijte i pomiješajte sve sastojke.

6. Ulijte u pripremljeni kalup i na vrh utisnite brusnice.

7. Stavite u pećnicu i pecite 40 minuta ili dok čačkalica zabodena u sredinu ne izađe čista.

8. Ostavite da se odmori ili ohladi prije nego izvadite iz kalupa.

Nutritivne informacije:Kalorije 98 Ukupne masti 6 g Zasićene masti 1 g Ukupni ugljikohidrati 9 g Neto ugljikohidrati 8,5 g Proteini 3 g Šećer: 7 g Vlakna: 0,5 g Natrij: 113

mgKalij 274mg

Porcije zobene kaše od bundeve i začina: 6

Vrijeme kuhanja: 35 minuta

Sastojci:

Zobene pahuljice - 1,5 šalice

Bademovo mlijeko, nezaslađeno - 0,75 šalice

fuj – 1

Lakanto Monk voćni zaslađivač – 0,5 šalice

Pire od bundeve - 1 šalica

Ekstrakt vanilije - 1 žličica

Pecans, sjeckani - 0,75 šalice

Prašak za pecivo - 1 žličica

Morska sol - 0,5 žličice

Začin za pitu od bundeve - 1,5 žličice

Upute:

1. Zagrijte pećnicu na 350 stupnjeva Fahrenheita i namastite posudu za pečenje veličine osam puta osam.

2. U zdjeli pomiješajte zobene pahuljice, bademovo mlijeko, jaja i preostale sastojke dok se zobene pahuljice potpuno ne sjedine. Ulijte mješavinu zobenih pahuljica začinjenu bundevom u podmazanu posudu i stavite je u sredinu pećnice.

3. Pecite zobene pahuljice dok ne porumene i ne stisnu se, otprilike dvadeset pet do trideset minuta. Izvadite zobenu kašu Pumpkin Spice iz pećnice i ostavite da se ohladi pet minuta prije posluživanja. Uživajte u vrućem samom ili uz omiljeno voće i jogurte.

Porcije kajgane sa špinatom i rajčicama: 1

Sastojci:

1 c. maslinovo ulje

1 c. nasjeckanog svježeg bosiljka

1 srednje nasjeckana rajčica

c. Švicarski sir

2 jaja

½ c. crvena paprika

½ c. nasjeckani pakirani špinat

Upute:

1. U maloj posudi umutite jaja, bosiljak, papar i švicarski sir.

2. Stavite srednju tavu na srednje jaku vatru i zagrijte ulje.

3. Umiješajte rajčicu i pirjajte 3 minute. Umiješajte špinat i kuhajte 2 minute ili dok ne počne venuti.

4. Ulijte tučena jaja i miksajte 2 do 3 minute ili do željene spremnosti.

5. Uživajte.

<u>Nutritivne informacije:</u>Kalorije: 230, Masti: 14,3 g, Ugljikohidrati: 8,4 g, Proteini: 17,9

Porcije smoothieja od tropske mrkve, đumbira i kurkume: 1

Vrijeme kuhanja: 0 minuta

Sastojci:

1 crvena naranča, oguljena i bez sjemenki

1 veća mrkva, oguljena i nasjeckana

½ šalice smrznutih komadića manga

2/3 šalice kokosove vode

1 žlica sirovih sjemenki konoplje

¾ žličice naribanog đumbira

1 ½ žličice oguljene i naribane kurkume

Prstohvat kajenskog papra

Prstohvat soli

Upute:

1. Stavite sve sastojke u blender i miksajte dok ne postane glatko.

2. Ohladiti prije posluživanja.

<u>Nutritivne informacije:</u>Kalorije 259 Ukupna masnoća 6g Zasićena masnoća 0,9g Ukupno ugljikohidrati 51g Neto ugljikohidrati 40g Proteini 7g Šećer: 34g Vlakna: 11g Natrij: 225mg Kalij 1319mg

Zlatni kruh s cimetom i vanilijom

Porcije: 4

Sastojci:

½ c. cimet

3 velika jaja

1 c. vanilija

8 kriški kruha od cjelovitog zrna pšenice

2 žlice. Mlijeko niske masnoće

Upute:

1. Prvo zagrijte tavu na 3500F.

2. Pomiješajte vaniliju, jaja, mlijeko i cimet u maloj posudi i miksajte dok smjesa ne postane glatka.

3. Izlijte u tanjur ili posudu s ravnim dnom.

4. Kruh umočite u smjesu od jaja, okrenite ga da premaže s obje strane i stavite na vruću rešetku.

5. Kuhajte oko 2 minute ili dok dno ne postane lagano zlatno, zatim okrenite i pecite i drugu stranu.

Nutritivne informacije:Kalorije: 281,0, Lipidi: 10,8 g, Ugljikohidrati: 37,2 g, Proteini: 14,5 g, Šećeri: 10 g, Natrij: 390 mg.

Porcije čamca od avokada za doručak: 2

Vrijeme kuhanja: 7 minuta

Sastojci:

2 avokada, prepolovljena i bez koštice

¼ luka, nasjeckanog

2 rajčice, nasjeckane

1 paprika, nasjeckana

2 žlice korijandera, nasjeckanog

Papar po ukusu

4 jaja

Upute:

1. Avokadu izvadite meso i nasjeckajte ga.

2. Stavite u zdjelu.

3. Uključite ostale sastojke osim.

4. Stavite u hladnjak na 30 minuta.

5. Razbijte jaje preko ljuske avokada.

6. Prethodno zagrijte svoju fritezu na 350 stupnjeva F.

7. Pržite na zraku 7 minuta.

8. Ukrasite salsom od avokada.

Porcije mljevene puretine: 4

Vrijeme kuhanja: 15 minuta

Sastojci:

1 funta mljevene puretine

½ žličice suhe majčine dušice

1 žlica kokosovog ulja, otopljenog

½ žličice mljevenog cimeta

Za raspršivanje:

1 žuti luk nasjeckan

1 žlica kokosovog ulja, otopljenog

1 tikvica, nasjeckana

½ šalice naribane mrkve

2 šalice butternut tikve, narezane na kockice

1 jabuka, očišćena od sjemenki, oguljena i narezana na kockice

2 šalice mladog špinata

1 žličica mljevenog đumbira

1 žličica mljevenog cimeta

½ žličice češnjaka u prahu

½ žličice kurkume u prahu

½ žličice suhe majčine dušice

Upute:

1. Zagrijte tavu s 1 žlicom kokosovog ulja na srednje jakoj vatri. Dodajte puretinu, ½ žličice majčine dušice i ½ žličice mljevenog cimeta. Promiješajte i kuhajte 5 minuta pa prebacite u zdjelu. Ponovno zagrijte tavu s 1 žlicom kokosovog ulja na srednje jakoj vatri. Dodajte luk, promiješajte i kuhajte 2 minute. Dodajte tikvice, mrkvu, bundevu, jabuku, đumbir, 1 žličicu cimeta, ½ žličica majčine dušice, kurkume i češnjaka u prahu. Promiješajte i kuhajte 3-4

minuta. Vratiti meso u tavu, dodati i mladi špinat. Promiješajte i kuhajte još 1 do 2 minute pa sve rasporedite po tanjurima i poslužite za doručak.

2. Uživajte!

Nutritivne informacije:kalorija 212, lipidi 4, vlakna 6, ugljikohidrati 8, proteini 7

Steel Cut zob s kefirom i bobicama

Porcije: 4

Vrijeme kuhanja: 30 minuta

Sastojci:

Za zob:

1 šalica valjane zobi

3 šalice vode

prstohvat soli

Za ukras po želji:

svježe ili smrznuto voće/bobice

šaka narezanih badema, sjemenki konoplje, nuggetsa ili drugih orašastih plodova/sjemenki

nezaslađeni, domaći/kupovni kefir

malo javorovog sirupa, prstohvat kokosovog šećera, nekoliko kapi stevije ili bilo kojeg drugog zaslađivača po željiUpute:

1. Dodajte/stavite zobene pahuljice u mali lonac i zagrijte na srednje jakoj vatri. Pecite tavu, često miješajući ili tresući, 2-3 minute.

2. Dodajte vodu i pustite da zavrije. Smanjite vatru i kuhajte oko 25 minuta, odnosno dok zobene pahuljice ne omekšaju po vašem ukusu. Poslužite s bobičastim voćem, orašastim plodovima/sjemenkama, malo kefira i bilo kojim zaslađivačem po želji. Creuse!

<u>Nutritivne informacije:</u>Kalorije 150 Ugljikohidrati: 27g Masti: 3g Proteini: 4g

Fantastični špageti squash sa sirom i pestom od bosiljka

Porcije: 2

Vrijeme kuhanja: 35 minuta

Sastojci:

1 šalica kuhane špagete, ocijeđene

Sol i svježe mljeveni crni papar, po ukusu ½ žlice maslinovog ulja

¼ šalice ricotta sira, nezaslađenog

2 oz svježeg sira mozzarella, narezanog na kockice

1/8 šalice pesta od bosiljka

Upute:

1. Uključite pećnicu, zatim postavite temperaturu pećnice na 375°F i pustite da se zagrije.

2. U međuvremenu, uzmite srednju zdjelu, dodajte špagete i začinite solju i crnim paprom.

3. Uzmite vatrostalnu posudu, namažite je uljem, dodajte smjesu od tikvica, prekrijte ricottom i mozzarellom i pecite 10

minuta do kuhanja.

4. Kad je gotovo, izvadite tepsiju iz pećnice, pokapajte pestom i odmah poslužite.

Nutritivne informacije:Kalorije 169, ukupne masti 11,3 g, ukupni ugljikohidrati 6,2 g, bjelančevine 11,9 g, šećer 0,1 g, natrij 217 mg

Porcije smoothieja od naranče i breskve: 2

Sastojci:

2 pogl. nasjeckane breskve

2 žlice. Nezaslađeni jogurt

Sok od 2 naranče

Upute:

1. Započnite s uklanjanjem sjemenki i kožice s breskvi. Samljeti i ostaviti nekoliko komadića breskve za ukras.

2. Stavite nasjeckanu breskvu, sok od naranče i jogurt u blender i miksajte dok smjesa ne postane glatka.

3. Ako želite, možete dodati vode da razrijedite smoothie.

4. Ulijte u staklene čaše i uživajte!

Nutritivne informacije:Kalorije: 170, Lipidi: 4,5 g, Ugljikohidrati: 28 g, Proteini: 7 g, Šećeri: 23 g, Natrij: 101 mg

Banana i badem muffini s maslacem Porcije: 6

Vrijeme kuhanja: 30 minuta

Sastojci:

Zobene pahuljice - 1 šalica

Morska sol - 0,25 žličice

Mljeveni cimet - 0,5 žličice

Prašak za pecivo - 1 žličica

Maslac od badema - 0,75 šalice

Banana, zgnječena - 1 šalica

Bademovo mlijeko, nezaslađeno - 0,5 žlice

Ekstrakt vanilije - 2 žličice

Jaja – 2

Lakanto Monk voćni zaslađivač – 0,25 šalice

Upute:

1. Zagrijte pećnicu na 350 stupnjeva Fahrenheita i obložite kalup za muffine papirom za pečenje ili ga namastite ako želite.

2. U zdjeli pomiješajte zgnječenu bananu s maslacem od badema, nezaslađenim bademovim mlijekom, jajima, ekstraktom vanilije i zaslađivačem od monk voća. U posebnoj posudi za kuhanje pomiješajte zobeno brašno, začine i prašak za pecivo. Nakon što se smjesa brašna potpuno sjedini, ulijte je u zdjelu sa zgnječenom bananom i umiješajte smjesu bademovog maslaca/banane i smjese zobenog brašna dok se ne sjedine.

3. Podijelite tijesto za muffine u dvanaest papirnatih čaša, ispunjavajući svaku šupljinu za muffine otprilike do tri četvrtine. Stavite kalup za muffine s maslacem i bananom u sredinu vruće pećnice i pecite dok se ne stegne i ne ispeče. Gotovi su kada se čačkalica zabode u sredinu i čisto izvuče.

To bi trebalo trajati otprilike dvadeset do dvadeset pet minuta.

4. Muffine s bananom i bademovim maslacem ostavite da se ohlade prije posluživanja, a zatim uživajte.

Porcije kaše za doručak: 1

Vrijeme kuhanja: 0 minuta;

Sastojci:

6 žlica organskog svježeg sira

3 žlice lanenih sjemenki

3 žlice lanenog ulja

2 žlice organskog sirovog maslaca od badema

1 žlica organskog kokosovog mesa

1 žlica sirovog meda

šalice vode

Upute:

1. Pomiješajte sve sastojke u zdjeli. Miksajte dok se sve dobro ne sjedini.

2. Stavite u zdjelu i ohladite prije posluživanja.

<u>Nutritivne informacije:</u>Kalorije 632 Ukupne masti 49 g Zasićene masti 5 g Ukupno ugljikohidrati 32 g Neto ugljikohidrati 26 g Proteini 23 g Šećer: 22 g Vlakna: 6 g Natrij: 265 mg Kalij 533 mg

Porcije zobenih pahuljica preko noći s kruhom od banane: 3

Vrijeme kuhanja: 0 minuta

Sastojci:

šalica običnog grčkog jogurta

žličica morske soli u listićima

1½ šalice obranog mlijeka

1 šalica starinskih zobenih pahuljica

1 žlica chia sjemenki

2 srednje banane, dobro zrele i zgnječene

2 žlice nezaslađenih, prženih pahuljica kokosa

2 žličice ekstrakta vanilije

Ukrasi za posluživanje: tostirani pekan orasi, sjemenke nara, med, polovice smokava i kriške banane

Upute:

1. Pomiješajte sve sastojke, osim nadjeva, u zdjeli za miješanje. Dobro miješajte dok se sve dobro ne sjedini. Smjesu jednako podijelite u dvije zdjelice za posluživanje.

2. Pokrijte i stavite u hladnjak preko noći ili 6 sati.

3. Za posluživanje izmiksajte i dodajte preljeve.

Nutritivne informacije:Kalorije 684 Masti: 22,8 g Proteini: 34,2 g Natrij: 374 mg Ukupno ugljikohidrati: 99,6 g Dijetalna vlakna: 14,1 g

Porcije Choco Chia Banana Zdjela: 3

Vrijeme kuhanja: 0 minuta

Sastojci:

½ šalice chia sjemenki

1 velika zrela banana

½ žličice čistog ekstrakta vanilije

2 šalice bademovog mlijeka, nezaslađenog

1 žlica kakaa u prahu

2 žlice sirovog meda ili javorovog sirupa

2 žlice kakaovih zrna pomiješati

2 žlice komadića čokolade za miješanje

1 velika banana, narezana na ploške za miješanje

Upute:

1. Pomiješajte chia sjemenke i bananu u zdjeli za miješanje. Vilicom zgnječite bananu i miješajte dok se dobro ne sjedini. Ulijte mlijeko od vanilije i badema. Mutiti dok više nema grudica.

2. Pola smjese ulijte u staklenu posudu i poklopite. U preostalu polovicu smjese u posudi dodajte kakao i sirup. Dobro promiješajte dok se potpuno ne sjedini. Ovu smjesu prelijte u drugu staklenu posudu i poklopite. Hladiti najmanje 4 sata.

3. Za posluživanje ravnomjerno rasporedite ohlađene chia pudinge u tri zdjelice za posluživanje. Naizmjence redajte slojeve sa sastojcima za smjesu.

<u>Nutritivne informacije:</u>Kalorije 293 Masti: 9,7 g Proteini: 14,6 g Natrij: 35 mg Ukupno ugljikohidrati: 43,1 g

Porcije protuupalnog smoothieja od višanja i špinata: 1

Vrijeme kuhanja: 0 minuta

Sastojci:

1 šalica običnog kefira

1 šalica smrznutih višanja bez koštica

½ šalice klica špinata

¼ šalice pasiranog zrelog avokada

1 žlica maslaca od badema

1 komad oguljenog đumbira (1/2 inča)

1 žličica chia sjemenki

Upute:

1. Stavite sve sastojke u blender.

2. Pulsirajte dok ne postane glatko.

3. Ostavite da se ohladi u hladnjaku prije posluživanja.

<u>Nutritivne informacije:</u>Kalorije 410 Ukupna masnoća 20 g Zasićena masnoća 4 g Ukupno ugljikohidrati 47 g Neto ugljikohidrati 37 g Proteini 17 g Šećer: 33 g Vlakna: 10 g Natrij: 169 mg Kalij 1163 mg

Porcije ljute Shakshuke: 4

Vrijeme kuhanja: 37 minuta

Sastojci:

2 žlice ekstra djevičanskog maslinovog ulja

1 lukovica luka, mljevena

1 jalapeño, očišćen od sjemenki i narezan na ploške

2 češnja češnjaka, mljevena

1 funta špinata

Sol i svježe mljeveni crni papar

žličica korijandera

1 žličica sušenog kima

2 žlice harissa paste

½ šalice juhe od povrća

8 velikih jaja

Pahuljice crvene paprike, za posluživanje

Korijander, nasjeckan za posluživanje

Peršin nasjeckan za posluživanje

Upute:

1. Zagrijte pećnicu na 350°F.

2. Zagrijte ulje u tavi prikladnoj za pećnicu na srednjoj vatri. Dodajte luk i pržite 5 minuta.

3. Dodajte jalapeño i češnjak i pirjajte jednu minutu ili dok ne zamiriše. Dodajte špinat i kuhajte 5 minuta, odnosno dok listovi potpuno ne uvenu.

4. Smjesu začinite solju i paprom, korijanderom, kuminom i harissom. Kuhajte još 1 minutu.

5. Prebacite smjesu u procesor hrane—miksajte dok se ne zgusne. Ulijte juhu i pasirajte dok ne dobijete glatku teksturu.

6. Očistite i namastite istu tavu neljepljivim sprejom za kuhanje.

Ulijte smjesu pirea. Drvenom kuhačom napravite osam okruglih jažica.

7. Lagano razbijte svako jaje u udubljenja. Stavite pleh u pećnicu-

Pecite 25 minuta ili poširajte jaja dok se potpuno ne stvrdnu.

8. Za posluživanje pospite shakshuku lisitćima crvene paprike, korijanderom i peršinom po ukusu.

Nutritivne informacije:Kalorije 251 Masti: 8,3 g Proteini: 12,5 g Natrij: 165 mg Ukupno ugljikohidrati: 33,6 g

Porcije zlatnog mlijeka od 5 minuta: 1

Vrijeme kuhanja: 4 minute

Sastojci:

1 1/2 šalice svijetlog kokosovog mlijeka

1 1/2 šalice nezaslađenog bademovog mlijeka

1 1/2 žličice mljevene kurkume

1/4 žličice mljevenog đumbira

1 cijeli štapić cimeta

1 žlica kokosovog ulja

1 prstohvat mljevenog crnog papra

Zaslađivač po izboru (npr. kokosov šećer, javorov sirup ili stevija po ukusu)

Upute:

1. Dodajte kokosovo mlijeko, mljevenu kurkumu, bademovo mlijeko, mljeveni đumbir, štapić cimeta, kokosovo ulje, crni papar i omiljeni zaslađivač u malu tavu.

2. Pjenjačom sjedinite na srednjoj vatri i ponovno zagrijte. Zagrijte dok nije vruće na dodir, ali ne ključa, oko 4 minute, redovito miješajući.

3. Isključite toplinu i probajte promjene okusa. Za jake začine +

okus, dodajte više sladila po ukusu ili više kurkume ili đumbira.

4. Poslužite odmah, prelomite između dvije čaše i ostavite štapić cimeta. Najbolje svježe, iako ostaci mogu stajati u hladnjaku 2-3 dana. Zagrijte na temperaturu na štednjaku ili u mikrovalnoj pećnici.

<u>Nutritivne informacije:</u>Kalorije 205 Masti: 19,5 g Natrij: 161 mg
Ugljikohidrati: 8,9 g Vlakna: 1,1 g Proteini: 3,2 g

Porcije zobene kaše za doručak: 1

Vrijeme kuhanja: 8 minuta

Sastojci:

2/3 šalice kokosovog mlijeka

1 bjelanjak jajeta uzgojenog na pašnjaku

½ šalice zobenih pahuljica bez glutena za brzo kuhanje

½ žličice kurkume u prahu

½ žličice cimeta

¼ žličice đumbira

Upute:

1. Stavite nemliječno mlijeko u lonac i zagrijte ga na srednje jakoj vatri.

2. Dodajte bjelanjak i nastavite mutiti dok smjesa ne postane glatka.

3. Dodajte ostale sastojke i kuhajte još 3 minute.

Nutritivne informacije:Kalorije 395 Ukupna masnoća 34 g Zasićena masnoća 7 g Ukupni ugljikohidrati 19 g Neto ugljikohidrati 16 g Proteini 10 g Šećer: 2 g Vlakna: 3 g Natrij: 76 mg Kalij 459 mg

Porcije proteinskih krafni s kurkumom bez pečenja: 8

Vrijeme kuhanja: 0 minuta

Sastojci:

1 ½ šalice sirovih indijskih oraščića

½ šalice medjool datulja bez koštica

1 žlica proteinskog praha vanilije

½ šalice naribanog kokosa

2 žlice javorovog sirupa

¼ žličice ekstrakta vanilije

1 žličica kurkume u prahu

¼ šalice tamne čokolade

Upute:

1. U sjeckalici sjediniti sve sastojke osim čokolade.

2. Pulsirajte dok ne postane glatko.

3. Tijesto razvaljajte u 8 loptica i utisnite u silikonski kalup za krafne.

4. Stavite u zamrzivač na 30 minuta da se stegne.

5. U međuvremenu pripremite čokoladni preljev tako da čokoladu otopite u vodenoj kupki.

6. Nakon što su krafne odstajale, izvadite ih iz kalupa i prelijte čokoladom.

Nutritivne informacije:Kalorije 320 Ukupna masnoća 26g Zasićena masnoća 5g Ukupno ugljikohidrati 20g Neto ugljikohidrati 18g Proteini 7g Šećer: 9g Vlakna: 2g Natrij: 163

mgKalij 297mg

Porcije fritaje od chedara i kelja: 6

Sastojci:

1/3 c. narezani zeleni luk

c. papar

1 crvena paprika narezana na kockice

c. obrano mlijeko

1 pogl. ribani nemasni cheddar sir

1 c. maslinovo ulje

5 oz mladog kelja i špinata

12 jaja

Upute:

1. Zagrijte pećnicu na 375 0F.

2. Staklenu vatrostalnu posudu namazati maslinovim uljem.

3. U zdjeli umutiti sve sastojke osim sira.

4. Ulijte smjesu od jaja u pripremljenu posudu i pecite 35 minuta.

5. Izvadite iz pećnice i pospite sirom po vrhu i pecite na roštilju 5 minuta.

6. Izvadite iz pećnice i ostavite 10 minuta.

7. Režite i uživajte.

Nutritivne informacije:Kalorije: 198, Lipidi: 11,0 g, Ugljikohidrati: 5,7 g, Proteini: 18,7 g, Šećeri: 1 g, Natrij: 209 mg.

Porcije mediteranske fritaje: 6

Vrijeme kuhanja: 20 minuta

Sastojci:

Vau, šest

Feta sir, izmrvljen, 1/4 šalice

Crni papar, četvrtina žličice

Ulje, sprej ili maslinovo

Origano, žličica

Mlijeko, bademovo ili kokosovo, četvrtina šalice

Morska sol, žličica

Crne masline, nasjeckane, četvrtina šalice

Zelene masline, nasjeckane, četvrtina šalice

Rajčice, narezane na kockice, četvrtina šalice

Upute:

1. Zagrijte pećnicu na 400. Namastite posudu za pečenje osam puta osam inča.

Pomiješajte mlijeko s jajima, pa dodajte ostale sastojke. Svu ovu smjesu izlijte u posudu za pečenje i pecite dvadesetak minuta.

Nutritivne informacije:Kalorije 107 šećera 2 grama masti 7 grama ugljikohidrata 3

grama proteina 7 grama

Porcije granole od heljde, cimeta i đumbira: 5

Vrijeme kuhanja: 40 minuta

Sastojci:

¼ šalice chia sjemenki

½ šalice kokosovih pahuljica

1 ½ šalice miješanih sirovih orašastih plodova

2 šalice zobenih pahuljica bez glutena

1 šalica heljdinih krupica

2 žlice maslaca od oraha

4 žlice kokosovog ulja

1 šalica suncokretovih sjemenki

½ šalice sjemenki bundeve

Komad đumbira od 1 ½ - 2 inča

1 žličica mljevenog cimeta

1/3 šalice sirupa od rižinog slada

4 žlice sirovog kakaa u prahu – po želji

Upute:

1. Zagrijte pećnicu na 180°C

2. Pomiješajte orašaste plodove u procesoru hrane i brzo ih promiješajte kako biste ih grubo nasjeckali. U zdjelu stavite nasjeckane orašaste plodove i dodajte sve ostale suhe sastojke koji se dobro sjedine - zob, kokos, cimet, heljdu, sjemenke i sol u lonac na laganoj vatri, lagano otopite kokosovo ulje.

3. Dodajte kakao prah (ako koristite) u mokru smjesu i promiješajte. Žlicom prelijte mokro tijesto preko suhe smjese, zatim dobro promiješajte kako biste bili sigurni da je sve obloženo. Smjesu prebacite u veliki pleh obložen papirom za pečenje ili premazan kokosovim uljem. Pazite da smjesu ravnomjerno rasporedite 35 do 40 minuta, okrećući smjesu na pola kuhanja. Pecite dok granola ne postane hrskava i zlatna!

4. Poslužite s omiljenim mlijekom od orašastih plodova, mjericom kokosovog jogurta, svježim voćem i superhranom: goji bobicama, lanenim sjemenkama, pčelinjim polenom, što god želite! Miješajte svaki dan.

<u>Nutritivne informacije:</u>Kalorije 220 Ugljikohidrati: 38g Lipidi: 5g Proteini: 7g

Porcije palačinki s korijanderom: 6

Vrijeme kuhanja: 6-8 minuta

Sastojci:

½ šalice tapioka brašna

½ šalice bademovog brašna

½ žličice čilija u prahu

¼ žličice mljevene kurkume

Sol i svježe mljeveni crni papar, po ukusu 1 šalica punomasnog kokosovog mlijeka

½ crvenog luka, nasjeckanog

1 komad svježeg đumbira (½ inča), sitno naribanog 1 Serrano papričica, mljevena

½ šalice svježeg cilantra, nasjeckanog

Ulje po potrebi

Upute:

1. U velikoj zdjeli pomiješajte brašno i začine.

2. Dodajte kokosovo mlijeko i miješajte dok se dobro ne sjedini.

3. Umiješajte luk, đumbir, Serrano papar i korijander.

4. Lagano namastite veliku neprianjajuću tavu uljem i zagrijte na srednje niskoj temperaturi.

5. Dodajte oko ¼ šalice smjese i nagnite posudu da se ravnomjerno rasporedi unutar posude.

6. Pecite oko 3-4 minute sa svake strane.

7. Ponovite sa svom preostalom smjesom.

8. Poslužite s dodacima po želji.

<u>Nutritivne informacije:</u>Kalorije: 331, Masti: 10g, Ugljikohidrati: 37g, Vlakna: 6g, Proteini: 28g

Porcije smoothieja od maline i grejpa: 1

Vrijeme kuhanja: 0 minuta

Sastojci:

Sok od 1 grejpa, svježe iscijeđen

1 banana, oguljena i narezana

1 šalica malina

Upute:

1. Stavite sve sastojke u blender i miksajte dok ne postane glatko.

2. Ohladiti prije posluživanja.

Nutritivne informacije:Kalorije 381 Ukupna mast 0,8 g Zasićena mast 0,1 g Ukupno ugljikohidrati 96 g Neto ugljikohidrati 85 g Proteini 4 g Šećer: 61 g Vlakna: 11 g Natrij: 11 mg Kalij 848 mg

Granola s maslacem od kikirikija Porcije: 8

Vrijeme kuhanja: 25 minuta

Sastojci:

Zobene pahuljice - 2 šalice

Cimet - 0,5 žličice

Maslac od kikirikija, prirodni sa soli - 0,5 šalice

Pasta od datulja - 1,5 žlice

Lily's komadići tamne čokolade - 0,5 šalice

Upute:

1. Zagrijte pećnicu na 300 stupnjeva Fahrenheita i obložite lim za pečenje papirom za pečenje ili silikonskom kuhinjskom podlogom.

2. U zdjeli pomiješajte pastu od datulja, cimet i maslac od kikirikija da se sjedine, zatim dodajte zobene pahuljice, miješajući dok se zobene pahuljice potpuno ne prekriju. Ovu slatko-ljutu smjesu ravnomjerno rasporedite po plehu u tankom sloju.

3. Stavite granolu s maslacem od kikirikija u pećnicu i pecite dvadesetak minuta, dobro promiješajte na pola vremena kako biste spriječili neravnomjerno kuhanje i zagorijevanje.

4. Izvadite granolu iz pećnice i ostavite je da se ohladi na sobnoj temperaturi prije dodavanja komadića čokolade. Prebacite granolu s maslacem od kikirikija u hermetički zatvorenu posudu da je pohranite do upotrebe.

Porcije kajgane u pećnici s kurkumom: 6

Vrijeme kuhanja: 15 minuta

Sastojci:

8 do 10 velikih jaja uzgojenih na pašnjacima

½ šalice nezaslađenog bademovog ili kokosovog mlijeka

½ žličice kurkume u prahu

1 žličica nasjeckanog korijandera

¼ žličice crnog papra

Prstohvat soli

Upute:

1. Zagrijte pećnicu na 350oF.

2. Vatru ili posudu za pečenje otpornu na toplinu premažite maslacem.

3. U zdjeli umutite jaje, mlijeko, kurkumu u prahu, crni papar i sol.

4. Ulijte smjesu od jaja u posudu za pečenje.

5. Stavite u pećnicu i pecite 15 minuta ili dok se jaja ne stvrdnu.

6. Izvadite iz pećnice i po vrhu ukrasite nasjeckanim korijanderom.

Nutritivne informacije:Kalorije 203 Ukupne masti 16g Zasićene masti 4g Ukupno ugljikohidrati 5g Neto ugljikohidrati 4g Proteini 10g Šećer: 4g Vlakna: 1g Natrij: 303

mgKalij 321mg

Porcije mekinja za doručak s chia i zobi: 2

Sastojci:

85 g nasjeckanih prženih badema

340 g kokosovog mlijeka

30 g šećerne trske

2½ g narančine kore

30 g mješavine sjemenki lana

170 g zobenih pahuljica

340 g borovnica

30 g chia sjemenki

2½ g cimeta

Upute:

1. Dodajte sve mokre sastojke i pomiješajte šećer i mlijeko s narančinom koricom.

2. Dodajte cimet i dobro promiješajte. Kad ste sigurni da šećer nije u grudicama, dodajte zobene pahuljice, lanene sjemenke i chia sjemenke, a zatim ostavite da odstoji minutu.

3. Uzmite dvije zdjele ili staklenke i ulijte smjesu. Ukrasite prženim bademima i ohladite.

4. Ujutro izvadite i kopajte!

<u>Nutritivne informacije:</u>Kalorije: 353, Lipidi: 8 g, Ugljikohidrati: 55 g, Proteini: 15 g, Šećeri: 9,9 g, Natrij: 96 mg

Recept za muffine od rabarbare, jabuke i đumbira Porcije: 8

Vrijeme kuhanja: 30 minuta

Sastojci:

1/2 žličice mljevenog cimeta

1/2 žličice mljevenog đumbira

prstohvat morske soli

1/2 šalice badema u prahu (mljeveni bademi)

1/4 šalice nerafiniranog sirovog šećera

2 žlice sitno nasjeckanog kristaliziranog đumbira

1 žlica mljevenog lanenog brašna

1/2 šalice heljdinog brašna

1/4 šalice finog smeđeg rižinog brašna

1/4 šalice (60 ml) maslinovog ulja

1 veliko farmersko jaje

1 žličica ekstrakta vanilije

2 žlice organskog kukuruznog brašna ili pravog arrowroota 2 žličice praška za pecivo bez glutena

1 šalica tanko narezane rabarbare

1 manja jabuka, oguljena i narezana na kockice

95 ml (1/3 šalice + 1 žlica) rižinog ili bademovog mlijeka

Upute:

1. Zagrijte pećnicu na 180C/350C. Namastite ili obložite 8 1/3 šalica (80 mL) posuda za muffine papirom za pečenje.

2. U srednje veliku zdjelu stavite badem u prahu, đumbir, šećer i lanene sjemenke. Prosijte prašak za pecivo, brašno i začine pa izjednačite. U mješavinu brašna umiješajte rabarbaru i jabuku za premaz.

3. Pjenasto izmiješajte mlijeko, šećer, jaje i vaniliju u drugoj manjoj zdjeli prije nego što ulijete u suhu smjesu i miješajte dok smjesa ne postane glatka.

4. Ravnomjerno rasporedite tijesto između kalupa/papirnatih kutija i pecite 20-25 minuta ili dok se ne digne i ne porumeni oko rubova.

5. Izvadite, zatim ostavite sa strane 5 minuta prije nego što ih prebacite na rešetku da se dalje hlade.

6. Jedite toplo ili na sobnoj temperaturi.

<u>Nutritivne informacije:</u>Kalorije 38 Ugljikohidrati: 9g Masti: 0g Proteini: 0g

Porcije žitarica i voća za doručak: 6

Sastojci:

1 pogl. grožđice

c. Smeđa riža za brzo kuhanje

1 granny smith jabuka

1 naranča

8 unci nemasnog jogurta od vanilije

3 spavaće sobe voda

c. bulgur

1 ukusna crvena jabuka

Upute:

1. Stavite veliki lonac na jaku vatru i zakuhajte vodu.

2. Dodajte bulgur i rižu. Smanjite vatru i ostavite da kuha desetak minuta poklopljeno.

3. Ugasite vatru, ostavite poklopljeno da odstoji 2 minute.

4. U lim za pečenje prebacite i ravnomjerno rasporedite zrna da se ohlade.

5. U međuvremenu ogulite naranče i narežite ih na četvrtine. Izrežite jabuke i izvadite im koštice.

6. Nakon što se žitarice ohlade, prebacite ih u veliku zdjelu za posluživanje s voćem.

7. Dodajte jogurt i dobro promiješajte da se prekrije.

8. Poslužite i uživajte.

<u>Nutritivne informacije:</u>Kalorije: 121, Lipidi: 1 g, Ugljikohidrati: 24,2 g, Proteini: 3,8 g, Šećeri: 4,2 g, Natrij: 500 mg

Porcije perky paleo krumpira i proteinskog praha: 1

Vrijeme kuhanja: 0 minuta

Sastojci:

1 mali slatki krumpir, prethodno skuhan i zgnječen 1 žlica proteinskog praha

1 manja banana, narezana na ploške

šalica borovnica

šalica malina

Dodaci po izboru: kakao komadići, chia sjemenke, srca od konoplje, omiljeni maslac od orašastih plodova/sjemenki (po izboru)

Upute:

1. U manjoj posudi za posluživanje zgnječite vilicom batat. Dodajte proteinski prah. Dobro miješajte dok se sve dobro ne sjedini.

2. Po smjesi posložite ploške banane, borovnice i maline. Ukrasite dodacima po želji. U ovom doručku možete uživati, bilo hladno ili toplo.

Nutritivne informacije:Kalorije 302 Masti: 10 g Proteini: 15,3 g Natrij: 65 mg Ukupno ugljikohidrati: 46,7 g

Bruschetta od rajčice i bosiljka Porcije: 8

Sastojci:

½ c. nasjeckanog bosiljka

2 mljevena češnja češnjaka

1 velika žlica. balsamico ocat

2 žlice. Maslinovo ulje

½ c. mljeveni crni papar

1 narezani baguette od punog zrna pšenice

8 zrelih romskih rajčica narezanih na kockice

1 c. morska sol

Upute:

1. Prvo zagrijte pećnicu na 375F.

2. U zdjeli narežite rajčice na kockice, umiješajte balzamični ocat, nasjeckani bosiljak, češnjak, sol, papar i maslinovo ulje, ostavite sa strane.

3. Baguet narežite na 16-18 kriški i stavite ga na lim za pečenje oko 10 minuta.

4. Poslužite uz kriške toplog kruha i uživajte.

5. Ostatke pohranite u hermetički zatvorenu posudu i ohladite.

Probajte ih staviti na pečenu piletinu, nevjerojatno je!

<u>Nutritivne informacije:</u>Kalorije: 57, Lipidi: 2,5 g, Ugljikohidrati: 7,9 g, Proteini: 1,4 g, Šećeri: 0,2 g, Natrij: 261 mg

Palačinke od cimeta s porcijama kokosa: 2

Vrijeme kuhanja: 18 minuta

Sastojci:

2 organska jaja

1 žlica bademovog brašna

2 unce krem sira

¼ šalice naribanog kokosa plus ½ žlice eritritola

1/8 žličice soli

1 žličica cimeta

4 žlice stevije

½ žlice maslinovog ulja

Upute:

1. Razbijte jaja u zdjelu, tucite dok ne postanu pjenasta, zatim umiješajte brašno i krem sir dok smjesa ne postane glatka.

2. Dodajte preostale sastojke i miješajte dok se dobro ne sjedine.

3. Uzmite tavu, stavite je na srednju vatru, namažite je uljem, zatim ulijte pola tijesta i pecite 3-4 minute sa svake strane dok palačinka ne bude pečena i dobro porumeni

4. Prebacite palačinku na tanjur i na isti način ispecite drugu palačinku s preostalim tijestom.

5. Pečene palačinke pospite kokosom i poslužite.

<u>Nutritivne informacije:</u>Kalorije 575, ukupne masti 51 g, ukupni ugljikohidrati 3,5 g, bjelančevine 19 g

Porcije zobene kaše od borovnice i banane: 6

Vrijeme kuhanja: 2 sata

Sastojci:

2 šalice peciva

1/4 šalice badema (prženih)

1/4 šalice oraha

1/4 šalice pekan oraha

2 žlice mljevenih sjemenki lana

1 žličica mljevenog đumbira

1 žličica cimeta

1/4 žličice morske soli

2 žlice kokosovog šećera

½ žličice praška za pecivo

2 šalice mlijeka

2 banane

1 šalica svježih borovnica

1 žlica javorovog sirupa

1 cc ekstrakta vanilije

1 žlica otopljenog maslaca

Jogurt za posluživanje

Upute:

1. U veliku zdjelu dodajte orahe, lanene sjemenke, prašak za pecivo, začine i kokosov šećer te promiješajte.

2. U drugoj posudi istucite jaja, mlijeko, javorov sirup i ekstrakt vanilije.

3. Banane prerežite na pola i stavite u sporo kuhalo s borovnicama.

4. Dodajte zobenu smjesu i prelijte mliječnom smjesom na vrh.

5. Prelijte otopljenim maslacem,

6. Kuhajte sporo kuhalo na niskoj razini 4 sata ili na visokoj 4 sata. Kuhajte dok tekućina ne upije i zobene pahuljice ne porumene.

7. Poslužite vruće i ukrasite običnim grčkim jogurtom.

Nutritivne informacije:Kalorije 346 mg Ukupni lipidi: 15 g Ugljikohidrati: 45 g Proteini: 11 g Šećeri: 17 g Vlakna 7 g Natrij: 145 mg Kolesterol: 39 mg

Porcije tosta s poširanim jajima lososa: 2

Vrijeme kuhanja: 4 minute

Sastojci:

Kruh, dvije kriške pržene ražene ili cjelovite žitarice Sok od limuna, četvrtina žličice

Avokado, dvije žlice pasiranog

Crni papar, četvrtina žličice

Jaja, dva poširana

Losos, dimljeni, četiri unce

Zeleni luk, jedna žlica nasjeckana

Sol, jedna osma žličica

Upute:

1. Avokadu dodajte sok od limuna popaprite i posolite. Smjesu avokada rasporedite po prepečenim kriškama kruha. Na tost stavite dimljeni losos i ukrasite ga poširanim jajetom. Ukrasite narezanim zelenim lukom.

Nutritivne informacije:Kalorije 389 Masti 17,2 grama Proteini 33,5 grama Ugljikohidrati 31,5 grama Šećer 1,3 grama Vlakna 9,3 grama

Porcije Chia pudinga za doručak: 2

Sastojci:

chia sjemenki, četiri žlice

Maslac od badema, jedna žlica

Kokosovo mlijeko, tri četvrtine šalice

Cimet, žličica

Vanilija, žličica

Hladna kava, tri četvrtine šalice

Upute:

1. Sve dodatke dobro promiješajte i ulijte u posudu koja ide u hladnjak. Dobro pokrijte i stavite u hladnjak preko noći.

Nutritivne informacije:Kalorije 282 ugljikohidrata 5 grama proteina 5,9 grama masti 24 grama

Jaja Au Fromage Porcije: 1

Sastojci:

c. nasjeckanu rajčicu

1 bjelanjak

1 nasjeckani zeleni luk

2 žlice. Obrano mlijeko

1 kriška kruha od cjelovitog zrna pšenice

1 jaje

½ unce naribanog svijetlog cheddar sira

Upute:

1. Jaje i bjelanjke izmiksajte u posudi i dodajte mlijeko.

2. Miješajte smjesu u tavi koja se ne lijepi dok se jaja ne skuhaju.

3. U međuvremenu ispecite kruh.

4. Smjesu umućenih jaja prelijte preko tosta i na vrh stavite sir dok se ne rastopi.

5. Dodajte luk i rajčicu.

Nutritivne informacije:Kalorije: 251, Lipidi: 11,0 g, Ugljikohidrati: 22,3 g, Proteini: 16,9

g, Šećeri: 1,8 g, Natrij: 451 mg

Porcije tropskih zdjelica: 2

Vrijeme kuhanja: 0 minuta

Sastojci:

1 šalica soka od naranče

1 šalica manga, oguljenog i narezanog na kockice

1 šalica ananasa, oguljenog i narezanog na kockice

1 banana, oguljena

1 žličica chia sjemenki

Prstohvat kurkume u prahu

4 jagode, narezane na ploške

Upute:

1. U svom blenderu pomiješajte sok od naranče s mangom, ananasom, bananom, chia sjemenkama i kurkumom. Dobro izmiješajte, podijelite u zdjelice, svaku ukrasite jagodama i poslužite.

2. Uživajte!

Nutritivne informacije:kalorija 171, lipidi 3, vlakna 6, ugljikohidrati 8, proteini 11

Porcije Tex-Mex prženih krumpira: 4

Vrijeme kuhanja: 30 minuta

Sastojci:

1 ½ lb krumpira, narezanog na kockice

1 žlica maslinovog ulja

Papar po ukusu

1 glavica luka nasjeckana

1 crvena paprika, nasjeckana

1 jalapeño, narezan na kolutiće

1 žličica ulja

½ žličice mljevenog kima

½ žličice začina za taco

Upute:

1. Prethodno zagrijte svoju fritezu na 320 stupnjeva F.

2. Krompir izmiksati u 1 žlici ulja.

3. Začinite paprom.

4. Prebacite u košaru friteze.

5. Pržite na zraku 20 minuta, dva puta protresite tijekom kuhanja.

6. Ostatak sastojaka pomiješajte u posudi.

7. Dodajte u fritezu.

8. Dobro izmiješajte.

9. Pecite na 356 stupnjeva F 10 minuta.

Shirataki tjestenina s avokadom i vrhnjem

Porcije: 2

Vrijeme kuhanja: 6 minuta

Sastojci:

½ paketa shirataki rezanaca, kuhanih

½ avokada

½ žličice mljevenog crnog papra

½ žličice soli

½ žličice sušenog bosiljka

1/8 šalice gustog vrhnja

Upute:

1. Stavite lonac srednje veličine do pola pun vode na srednju vatru, zakuhajte, zatim dodajte rezance i kuhajte 2 minute.

2. Zatim ocijedite rezance i ostavite sa strane dok vam ne zatrebaju.

3. Stavite avokado u zdjelu, izgnječite ga vilicom, 4. Izgnječite avokado u zdjelu, prebacite ga u blender, dodajte ostale sastojke i izmiksajte dok ne postane glatko.

5. Uzmite tavu, stavite je na srednju vatru i kad se zagrije dodajte rezance, ulijte smjesu od avokada, dobro promiješajte i kuhajte 2

minuta dok se ne zagrije.

6. Poslužite odmah.

Nutritivne informacije:Kalorije 131, ukupne masti 12,6 g, ukupni ugljikohidrati 4,9 g, bjelančevine 1,2 g, šećer 0,3 g, natrij 588 mg

Ukusne porcije kaše od amaranta: 2

Vrijeme kuhanja: 30 minuta

Sastojci:

½ šalice vode

1 šalica bademovog mlijeka, nezaslađenog

½ šalice amaranta

1 kruška, oguljena i narezana na kockice

½ žličice mljevenog cimeta

¼ žličice svježeg đumbira, naribanog

Prstohvat mljevenog muškatnog oraščića

1 žličica javorovog sirupa

2 žlice nasjeckanih pekan oraha

Upute:

1. Stavite vodu i bademovo mlijeko u lonac, zakuhajte na srednjoj vatri, dodajte amarant, promiješajte i kuhajte 20 minuta.

Dodajte krušku, cimet, đumbir, muškatni oraščić i javorov sirup i promiješajte.

Pirjajte još 10 minuta, podijelite u zdjelice i poslužite s pekan orašima posutim po vrhu.

2. Uživajte!

Nutritivne informacije: kalorije 199, lipidi 9, vlakna 4, ugljikohidrati 25, proteini 3

Palačinke od bademovog brašna sa krem sirom

Porcije: 2

Vrijeme kuhanja: 18 minuta

Sastojci:

½ šalice bademovog brašna

1 žličica eritritola

½ žličice cimeta

2 unce krem sira

2 organska jaja

1 žlica neslanog maslaca

Upute:

1. Pripremite tijesto za palačinke i za to stavite brašno u blender, dodajte ostale sastojke i miksajte 2 minute dok smjesa ne postane glatka.

2. Ulijte tijesto u zdjelu i ostavite da odstoji 3 minute.

3. Zatim uzmite veću tavu, stavite je na srednje jaku vatru, dodajte maslac i kada se rastopi ulijte pripremljeno tijesto za palačinke.

4. Tijesto ravnomjerno rasporedite po tavi, pecite 2 minute sa svake strane dok ne porumeni, pa palačinku prebacite na tanjur.

5. Na isti način od preostalog tijesta ispecite još tri palačinke i po završetku poslužite palačinke s omiljenim bobičastim voćem.

<u>Nutritivne informacije:</u>Kalorije 170, ukupne masti 14,3 g, ukupni ugljikohidrati 4,3, bjelančevine 6,9 g, šećer 0,2 g, natrij 81 mg

Porcije hašiša za doručak s jabukama i puretinom: 5

Vrijeme kuhanja: 10 minuta

Sastojci:

Za meso:

1 lb mljevene puretine

1 žlica kokosovog ulja

½ žličice suhe majčine dušice

½ žličice cimeta

morska sol, po ukusu

Za raspršivanje:

1 žlica kokosovog ulja

1 luk

1 velika jabuka, oguljena, očišćena od sjemenki i nasjeckana

2 šalice špinata ili zelja po izboru

½ žličice kurkume

½ žličice suhe majčine dušice

morska sol, po ukusu

1 veća ili 2 manje tikvice

½ šalice naribane mrkve

2 šalice smrznute kocke butternut tikve (ili slatkog krumpira) 1 c. čaj od cimeta

cc đumbira u prahu

½ žličice češnjaka u prahu

Upute:

1. U tavi zagrijte žlicu kokosovog ulja na srednjoj/jakoj vatri.

Pričvrstite mljevenu puretinu i kuhajte dok ne postane hrskava. Začinite majčinom dušicom, cimetom i prstohvatom morske soli. Idi na tanjur.

2. U istu tavu dodajte preostalo kokosovo ulje i pirjajte luk dok ne omekša 2-3 minute.

3. Dodajte tikvicu, jabuku, mrkvu i smrznutu tikvicu po ukusu—

Kuhajte oko 4 do 5 minuta ili dok povrće ne omekša.

4. Pričvrstiti i umutiti špinat dok ne omekša.

5. Dodajte kuhanu puretinu, začinite, posolite i zatvorite uljem.

6. Uživajte u ovom hašišu svježem iz tave ili ga ostavite da se ohladi i hladite cijeli tjedan. Hash može ostati u zatvorenoj posudi u

u hladnjaku oko 5-6 dana.

<u>Nutritivne informacije:</u>Kalorije 350 Ugljikohidrati: 20g Masti: 19g Proteini: 28g

Porcije muffina sa sirom i sjemenkama konoplje: 2

Vrijeme kuhanja: 30 minuta

Sastojci:

1/8 šalice brašna od lanenog sjemena

¼ šalice sirovih sjemenki konoplje

¼ šalice bademovog brašna

Sol, po ukusu

cc praška za pecivo

3 tučena organska jaja

1/8 šalice pahuljica hranjivog kvasca

¼ šalice svježeg sira, nemasnog

¼ šalice ribanog parmezana

¼ šalice mladog luka, narezanog na tanke ploške

1 žlica maslinovog ulja

Upute:

1. Uključite pećnicu, zatim je namjestite na 360°F i pustite da se zagrije.

2. Za to vrijeme uzmite dvije ramkene, namažite ih uljem i ostavite sa strane dok vam ne zatrebaju.

3. U zdjelu srednje veličine dodajte sjemenke lana, sjemenke konoplje i bademovo brašno, zatim umiješajte sol i prašak za pecivo dok se ne sjedine.

4. Razbijte jaja u drugu zdjelu, dodajte kvasac, svježi sir i parmezan, dobro izmiješajte dok smjesa ne bude glatka, zatim umiješajte ovu smjesu u smjesu od bademovog brašna dok se ne sjedini.

5. Umiješajte zeleni luk, zatim podijelite smjesu između pripremljenih ramekina i pecite 30 minuta dok muffini ne postanu čvrsti, a vrh zlatno smeđi.

6. Kada su gotovi, izvadite muffine iz ramekina i ostavite ih da se potpuno ohlade na rešetki.

7. Za pripremu obroka, zamotajte svaki muffin u papirnati ubrus i ostavite u hladnjaku do trideset i četiri dana.

8. Kad dođe vrijeme za jelo, zagrijte muffine u mikrovalnoj pećnici dok se ne zagriju, a zatim poslužite.

Nutritivne informacije:Kalorije 179, ukupne masti 10,9 g, ukupni ugljikohidrati 6,9 g, bjelančevine 15,4 g, šećer 2,3 g, natrij 311 mg

Vafli od cvjetače sa sirom i vlascem Porcije: 2

Vrijeme kuhanja: 15 minuta

Sastojci:

1 šalica cvjetova cvjetače

1 žlica vlasca, mljevenog

½ žličice mljevenog crnog papra

1 žličica luka u prahu

1 žličica češnjaka u prahu

1 šalica ribanog mozzarella sira

½ šalice ribanog parmezana

2 tučena organska jaja

1 žlica maslinovog ulja

Upute:

1. Uključite pekač za vafle, namažite ga uljem i pustite da se zagrije.

2. U međuvremenu pripremite tijesto za vafle i za to stavite sve sastojke u zdjelu i miješajte dok ne postane glatko.

3. Pola tijesta ulijte u vrući kalup za vafle, zatvorite ga poklopcem i pecite dok ne porumeni.

4. Izvadite vafl i skuhajte drugi vafl na isti način od preostalog tijesta.

5. Za pripremu obroka, stavite vafle u hermetički zatvorenu posudu, odvojite vafle voštanim papirom i čuvajte do četiri dana.

<u>Nutritivne informacije:</u>Kalorije 149, ukupne masti 8,5 g, ukupni ugljikohidrati 6,1 g, bjelančevine 13,3 g, šećer 2,3 g, natrij 228 mg

Porcije sendviča za doručak: 1

Vrijeme kuhanja: 7 minuta

Sastojci:

1 smrznuti doručak

Upute:

1. Pržite sendvič na zraku na 340 stupnjeva F 7 minuta.

106. Porcije slanih vegetarijanskih muffina: 5

Vrijeme kuhanja: 18-23 minute

Sastojci:

¾ šalice bademovog brašna

½ žličice sode bikarbone

¼ šalice koncentrata proteina sirutke u prahu

2 žličice svježeg kopra, nasjeckanog

Sol, po ukusu

4 velika organska jaja

1½ žlice prehrambenog kvasca

2 žličice jabučnog octa

3 žlice svježeg soka od limuna

2 žlice kokosovog ulja, otopljenog

1 šalica kokosovog maslaca, omekšalog

1 vezica mladog luka, nasjeckanog

2 srednje mrkve, oguljene i naribane

½ šalice svježeg peršina, nasjeckanog

Upute:

1. Prethodno zagrijte pećnicu na 350 stupnjeva F. Namastite 10 šalica velike posude za muffine.

2. U velikoj zdjeli pomiješajte brašno, sodu bikarbonu, proteinski prah i sol.

3. U drugu zdjelu dodajte jaja, prehrambeni kvasac, ocat, limunov sok i ulje te tucite dok se dobro ne sjedini.

4. Dodajte kokosov maslac i tucite dok smjesa ne postane glatka.

5. Dodajte smjesu jaja u smjesu brašna i miješajte dok se dobro ne sjedini.

6. Umiješajte ljutiku, ljutiku i peršin.

7. Žlicom ravnomjerno rasporedite smjesu u pripremljene kalupe za muffine.

8. Pecite oko 18-23 minute ili dok čačkalica zabodena u sredinu ne izađe čista.

Nutritivne informacije:Kalorije: 378, Masti: 13g, Ugljikohidrati: 32g, Vlakna: 11g, Proteini: 32g

Porcije palačinki od tikvica: 8

Vrijeme kuhanja: 6-10 min

Sastojci:

1 šalica brašna od slanutka

1½ šalice vode, podijeljene

žličica sjemenki kumina

cc cayennea

¼ žličice mljevene kurkume

Sol, po ukusu

½ šalice naribanih tikvica

½ šalice crvenog luka, sitno nasjeckanog

1 zelena paprika, očišćena od sjemenki i sitno nasjeckana

¼ šalice svježeg cilantra, nasjeckanog

Upute:

1. U veliku zdjelu dodajte brašno i ¾ šalice vode i tucite dok smjesa ne postane glatka.

2. Dodajte ostatak vode i tucite dok ne dobijete 3. Dodajte luk, đumbir, Serrano papar i korijander.

4. Lagano namastite veliku neprijanjajuću tavu uljem i zagrijte na srednje niskoj temperaturi.

5. Dodajte oko ¼ šalice smjese i nagnite posudu da se ravnomjerno rasporedi po posudi.

6. Kuhajte oko 4 do 6 minuta.

7. Pažljivo promijenite stranu i pecite oko 2 do 4 minute.

8. Sve ponoviti s ostatkom smjese.

9. Poslužite s ukrasom po želji.

<u>Nutritivne informacije:</u>Kalorije: 389, Masti: 13g, Ugljikohidrati: 25g, Vlakna: 4g, Proteini: 21g

Burgeri za doručak s pecivima od avokada

Porcije: 1

Vrijeme kuhanja: 5 minuta

Sastojci:

1 zreli pravnik

1 jaje uzgojeno na pašnjaku

1 ploška crvenog luka

1 kriška rajčice

1 list zelene salate

Sezamove sjemenke za ukras

Posolite po ukusu

Upute:

1. Ogulite avokado i izvadite sjemenke. Prerežite avokado na pola. Ovo će poslužiti kao lepinja. Staviti na stranu.

2. Zagrijte tavu na srednjoj vatri i pržite jaja sunčanom stranom prema gore 5 minuta ili dok se ne stvrdnu.

3. Burger za doručak sastavite tako da ga stavite na polovicu avokada s jajetom, crvenim lukom, rajčicom i zelenom salatom.

4. Prelijte preostalim kruhom od avokada.

5. Ukrasite sezamom i posolite po ukusu.

<u>Nutritivne informacije:</u>Kalorije 458 Ukupne masti 39g Zasićene masti 4g Ukupno ugljikohidrati 20g Neto ugljikohidrati 6g, proteini 13g Šećer: 8g Vlakna: 14g Natrij: 118mg Kalij 1184mg

Pikantna brokula, cvjetača i tofu s crvenim lukom

Porcije: 2

Vrijeme kuhanja: 25 minuta

Sastojci:

2 šalice cvjetića brokule

2 šalice cvjetova cvjetače

1 srednji crveni luk, narezan na kockice

3 žlice ekstra djevičanskog maslinovog ulja

1 žličica soli

¼ žličice svježe mljevenog crnog papra

1 funta čvrstog tofua, izrezanog na kockice od 1 inča

1 režanj češnjaka, samljeven

1 komad (¼ inča) svježeg đumbira, mljevenog

Upute:

1. Zagrijte pećnicu na 400°F.

2. Pomiješajte brokulu, cvjetaču, luk, ulje, sol i papar na velikom limu za pečenje s rubom i dobro promiješajte.

3. Pecite dok povrće ne omekša, 10 do 15 minuta.

4. Dodajte tofu, češnjak i đumbir. Pecite unutar 10 minuta.

5. Lagano pomiješajte sastojke na limu za pečenje da se tofu sjedini s povrćem i poslužite.

<u>Nutritivne informacije:</u>Kalorije 210 Ukupne masti: 15 g Ukupno ugljikohidrati: 11 g Šećer: 4 g Vlakna: 4 g Proteini: 12 g Natrij: 626 mg

Porcije graha i lososa u tavi: 4

Vrijeme kuhanja: 25 minuta

Sastojci:

1 šalica konzerviranog crnog graha, ocijeđenog i ispranog 4 češnja češnjaka, mljevena

1 žuti luk nasjeckan

2 žlice maslinovog ulja

4 fileta lososa, bez kostiju

½ žličice korijandera, mljevenog

1 žličica kurkume u prahu

2 rajčice, izrezane na kockice

½ šalice pilećeg temeljca

Prstohvat soli i crnog papra

½ žličice sjemenki kumina

1 žlica nasjeckanog vlasca

Upute:

1. Zagrijte tavu s uljem na srednje jakoj vatri, dodajte luk i češnjak i pržite 5 minuta.

2. Dodajte ribu i pecite 2 minute sa svake strane.

3. Dodajte grah i ostale sastojke, lagano promiješajte i kuhajte još 10 minuta.

4. Smjesu podijelite na tanjure i odmah poslužite za ručak.

Nutritivne informacije:kalorija 219, lipidi 8, vlakna 8, ugljikohidrati 12, proteini 8

Porcije juhe od mrkve: 4

Vrijeme kuhanja: 40 minuta

Sastojci:

1 šalica butternut tikve, nasjeckane

1 velika žlica. Maslinovo ulje

1 velika žlica. Kurkuma u prahu

14 ½ unci. Kokosovo mlijeko, svijetlo

3 šalice mrkve, nasjeckane

1 poriluk oprati i narezati

1 velika žlica. Đumbir, naribani

3 šalice juhe od povrća

1 šalica nasjeckanog komorača

Sol i papar, po ukusu

2 češnja češnjaka, mljevena

Upute:

1. Započnite zagrijavanjem lonca na srednje jakoj vatri.

2. Žlicom dodajte ulje pa dodajte komorač, bundevu, mrkvu i poriluk. Dobro promiješajte.

3. Sada ga pirjajte 4 do 5 minuta ili dok ne omekša.

4. Zatim dodajte kurkumu, đumbir, papar i češnjak. Kuhajte još 1 do 2 minute.

5. Zatim ulijte juhu i kokosovo mlijeko. Dobro promiješajte.

6. Nakon toga smjesu zakuhajte i poklopite lonac.

7. Neka se kuha 20 minuta.

8. Nakon što je kuhana, prebacite smjesu u blender velike brzine i miksajte 1-2 minute ili dok ne dobijete glatku i kremastu juhu.

9. Provjerite začine i po potrebi dodajte još soli i papra.

Nutritivne informacije:Kalorije: 210,4 Kcal Proteini: 2,11 g Ugljikohidrati: 25,64 g Masti: 10,91 g

Porcije zdrave salate od tjestenine: 6

Vrijeme kuhanja: 10 minuta

Sastojci:

1 paket fusilli tjestenine bez glutena

1 šalica grožđanih rajčica, narezanih

1 šaka svježeg korijandera, nasjeckanog

1 šalica maslina, prerezanih na pola

1 šalica svježeg bosiljka, nasjeckanog

½ šalice maslinovog ulja

Morska sol po ukusu

Upute:

1. Pjenasto izmiješajte maslinovo ulje, nasjeckani bosiljak, korijander i morsku sol.

Staviti na stranu.

2. Skuhajte tjesteninu prema uputama na pakiranju, ocijedite i isperite.

3. Tjesteninu pomiješajte s rajčicama i maslinama.

4. Dodajte mješavinu maslinovog ulja i miješajte dok se dobro ne sjedini.

<u>Nutritivne informacije:</u>Ukupno ugljikohidrata 66g Dijetalna vlakna: 5g Proteini: 13g Ukupni lipidi: 23g Kalorije: 525

Porcije karija od slanutka: 4 do 6

Vrijeme kuhanja: 25 minuta

Sastojci:

2 × 15 oz. Slanutak, opran, ocijeđen i kuhan 2 c. Maslinovo ulje

1 velika žlica. Kurkuma u prahu

½ od 1 luka, narezanog na kockice

1 c. Cayenne, prizemljen

4 češnja češnjaka, mljevena

2 c. Čili prah

15 oz pirea od rajčice

Crni papar, ako je potrebno

2 žlice. Pasta od rajčice

1 c. Cayenne, prizemljen

½ žlice. javorov sirup

½ od 15 oz. limenka kokosovog mlijeka

2 c. Kumin, samljeti

2 c. Dimljena paprika

Upute:

1. Zagrijte veliku tavu na srednje jakoj vatri. Za to, žlica u ulju.

2. Kada se ulje zagrije, umiješajte luk i pržite 3 do 4

minuta ili dok ne omekša.

3. Zatim ulijte pastu od rajčice, javorov sirup, sve začine, pire od rajčice i češnjak. Dobro promiješajte.

4. Zatim dodajte slanutak kuhan s kokosovim mlijekom, crnim paprom i soli.

5. Sada dobro promiješajte i pustite da lagano kuha 8 do 10 minuta

minuta ili dok se ne zgusne.

6. Po želji pokapajte sokom limete i ukrasite cilantrom.

Nutritivne informacije:Kalorije: 224 Kcal Proteini: 15,2 g Ugljikohidrati: 32,4 g Masti: 7,5 g

Mljeveno meso Stroganoff Sastojci:

1 lb nemasne mljevene govedine

1 manja glavica luka narezana na kockice

1 češanj mljevenog češnjaka

3/4 lb nasjeckanih svježih gljiva

3 žlice brašna

2 šalice mesne juhe

sol i papar po ukusu

2 žličice Worcestershire umaka

3/4 šalice kiselog vrhnja

2 žlice svježeg peršina

Upute:

1. Tamno obojeni mljeveni hamburger, luk i češnjak (trudeći se da se ne raspuca po vrhu) u posudi dok više ne ostane ružičasto. Masni rukavi.

2. Dodajte nasjeckane gljive i kuhajte 2-3 minute. Dodajte brašno i postupno kuhajte 1 minutu.

3. Dodajte temeljac, Worcestershire umak, sol i papar te pustite da zavrije. Smanjite vatru i pirjajte na laganoj vatri 10 minuta.

Skuhajte rezance od jaja prema uputama na pakiranju.

4. Mesnu smjesu maknite s vatre, umiješajte začinjeno vrhnje i peršin.

5. Poslužite preko rezanaca s jajima.

Porcije rebarca u umaku: 4

Vrijeme kuhanja: 65 minuta

Sastojci:

2 funte. goveđa kratka rebra

1 ½ čajna žličica maslinovog ulja

1 ½ žlica soja umaka

1 žlica Worcestershire umaka

1 žlica stevije

1 ¼ šalice nasjeckanog luka.

1 žličica mljevenog češnjaka

1/2 šalice crnog vina

⅓ šalice kečapa, bez šećera

Sol i crni papar po ukusu

Upute:

1. Rebra izrežite na 3 dijela i natrljajte ih crnim paprom i soli.

2. Dodajte ulje u instant lonac i pritisnite Sauté.

3. Rebarca stavite u ulje i pecite 5 minuta sa svake strane.

4. Dodajte luk i pirjajte ga 4 minute.

5. Umiješajte češnjak i kuhajte 1 minutu.

6. Ostatak sastojaka umutiti u posudi i preliti preko rebaraca.

7. Stavite poklopac pod pritisak i kuhajte 55 minuta u ručnom načinu rada na visokom tlaku.

8. Kada završite, prirodno otpustite pritisak i zatim uklonite poklopac.

9. Poslužite vruće.

<u>Nutritivne informacije:</u>Kalorije 555, ugljikohidrati 12,8 g, bjelančevine 66,7 g, masti 22,3 g, vlakna 0,9 g

Porcije bezglutenske pileće juhe i juhe s rezancima: 4

Vrijeme kuhanja: 25 minuta

Sastojci:

¼ šalice ekstra djevičanskog maslinovog ulja

3 stabljike celera, narezane na kriške od ¼ inča

2 srednje mrkve, narezane na kockice od ¼ inča

1 mali luk, narezan na ¼ inča

1 grančica svježeg ružmarina

4 šalice pileće juhe

8 unci penne bez glutena

1 žličica soli

¼ žličice svježe mljevenog crnog papra

2 šalice pečene piletine narezane na kockice

¼ šalice sitno nasjeckanog svježeg peršina<u>Upute:</u>

1. Zagrijte ulje na jakoj vatri u velikom loncu.

2. Dodajte celer, mrkvu, luk i ružmarin i pirjajte dok ne omekšaju, 5 do 7 minuta.

3. Dodajte temeljac, penne, sol i papar i pustite da zavrije.

4. Pustite da zavrije i kuhajte dok penne ne omekšaju, 8 do 10 minuta.

5. Izvadite i bacite grančicu ružmarina te dodajte piletinu i peršin.

6. Smanjite vatru na najnižu. Kuhajte unutar 5 minuta i poslužite.

<u>Nutritivne informacije:</u>Kalorije 485 Ukupni lipidi: 18 g Ukupno ugljikohidrati: 47 g Šećer: 4 g Vlakna: 7 g Proteini: 33 g Natrij: 1423 mg

Porcije leće: 4

Vrijeme kuhanja: 40 minuta

Sastojci:

2 c. Sjemenke gorušice

1 c. Kurkuma, mljevena

1 šalica namočene leće

2 c. Sjemenke kumina

1 rajčica, velika i nasjeckana

1 glavica žutog luka tanko narezana

4 šalice vode

Morska sol, po potrebi

2 mrkve izrezane na polumjesec

3 šake listova špinata, naribanih

1 c. Đumbir, mljeveni

½ c. Čili prah

2 žlice. Kokosovo ulje

Upute:

1. Prvo stavite mung grah i vodu u duboki lonac na srednje jaku vatru.

2. Sada smjesu graha zakuhajte i kuhajte.

3. Pirjajte 20 do 30 minuta ili dok mung grah ne omekša.

4. Zatim zagrijte kokosovo ulje u velikom loncu na srednje jakoj vatri i umiješajte sjemenke gorušice i sjemenke kima.

5. Ako sjemenke gorušice popucaju, dodajte luk. Pržite luk 4

minuta ili dok ne omekšaju.

6. Dodajte češnjak na žlicu i nastavite pirjati još 1 minutu.

Kad postane aromatično, dodajte kurkumu i čili u prahu.

7. Zatim dodajte mrkvu i rajčicu. Kuhajte 6 minuta ili dok ne omekša.

8. Na kraju dodajte kuhanu leću i dobro promiješajte.

9. Umiješajte listove špinata i pirjajte dok ne omekšaju. Maknite s vatre. Poslužite vruće i uživajte.

<u>Nutritivne informacije:</u>Kalorije 290 Kcal Proteini: 14 g Ugljikohidrati: 43 g Lipidi: 8 g

Porcije pržene piletine i graška: 4

Vrijeme kuhanja: 10 minuta

Sastojci:

1 ¼ šalice pilećih prsa bez kože i kostiju, tanko narezanih 3 žlice svježeg cilantra, nasjeckanog

2 žlice biljnog ulja

2 žlice sjemenki sezama

1 vezica mladog luka, tanko narezanog

2 žličice Sriracha

2 češnja češnjaka, mljevena

2 žlice rižinog octa

1 paprika, tanko narezana

3 žlice soja umaka

2½ šalice graška

Sol, po ukusu

Svježe mljeveni crni papar, po ukusu

Upute:

1. Zagrijte ulje u tavi na srednje jakoj vatri. Dodajte češnjak i nasjeckani mladi luk. Kuhajte jednu minutu, a zatim dodajte 2 ½ šalice graška zajedno s paprom. Kuhajte dok ne omekša, otprilike 3-4 minute.

2. Dodajte piletinu i kuhajte oko 4 do 5 minuta, ili dok ne bude kuhana.

3. Dodajte 2 žličice Sriracha, 2 žlice sjemenki sezama, 3 žlica soja umaka i 2 žlice rižinog octa. Miksajte dok se sve dobro ne sjedini. Pustite da krčka 2-3 minute na laganoj vatri.

4. Dodajte 3 žlice nasjeckanog korijandera i dobro promiješajte. Premjestite i po želji pospite dodatnim sjemenkama sezama i korijandera. Zabavi se!

<u>Nutritivne informacije:</u>228 kalorija 11 g masti 11 g ukupnih ugljikohidrata 20 g proteina

Sočni brokule s inćunima i bademima Porcije: 6

Vrijeme kuhanja: 10 minuta

Sastojci:

2 vezice brokule, orezane

1 žlica ekstra djevičanskog maslinovog ulja

1 duga svježa crvena paprika, bez sjemenki, sitno nasjeckana 2 režnja češnjaka, narezana na tanke ploške

¼ šalice sirovih badema, grubo nasjeckanih

2 žličice sitno ribane korice limuna

Malo svježeg soka od limuna

4 inćuna u ulju nasjeckana

Upute:

1. Zagrijte ulje dok se ne zagrije u velikom loncu. Dodajte ocijeđene inćune, češnjak, čili i limunovu koricu. Kuhajte dok ne postane aromatično, 30

sekundi često miješajući. Dodajte bademe i nastavite kuhati još jednu minutu uz često miješanje. Maknite s vatre i dodajte malo svježeg soka od limuna.

2. Zatim stavite brokulu u košaru za kuhanje na pari iznad posude s kipućom vodom. Poklopite i kuhajte dok ne omekša, oko 2 do 3 minute. Dobro ocijedite pa prebacite na veliki tanjur za posluživanje. Ukrasite mješavinom badema. Uživajte.

Nutritivne informacije:kcal 350 Masti: 7 g Vlakna: 3 g Proteini: 6 g

Porcije šitake i špinata pljeskavice: 8

Vrijeme kuhanja: 15 minuta

Sastojci:

1 ½ šalice shiitake gljiva, narezanih

1 ½ šalice nasjeckanog špinata

3 češnja češnjaka, mljevena

2 luka, narezana na ploške

4 c. maslinovo ulje

1 jaje

1 ½ šalice kuhane kvinoje

1 ½ c. talijanski začin

1/3 šalice prženih sjemenki suncokreta, mljevenih

1/3 šalice pecorino sira, naribanog

Upute:

1. Zagrijte maslinovo ulje u tavi. Kad se zagriju, pirjajte shiitake gljive 3 minute ili dok lagano ne porumene. Dodajte češnjak i luk. Pirjajte 2 minute ili dok ne postane mirisno i prozirno. Staviti na stranu.

2. U istoj tavi zagrijte ostatak maslinovog ulja. Dodajte špinat. Smanjite vatru, zatim pirjajte 1 minutu, ocijedite i prebacite u cjedilo.

3. Špinat sitno nasjeckajte i dodajte u smjesu s gljivama. Dodajte jaje u smjesu od špinata. Umiješajte kuhanu kvinoju—začinite talijanskim začinima, zatim miješajte dok se dobro ne sjedini. Pospite suncokretovim sjemenkama i sirom.

4. Podijelite smjesu od špinata na pljeskavice—ispecite pljeskavice u 5 minuta ili dok ne postane čvrsta i zlatna. Poslužite uz burger peciva.

<u>Nutritivne informacije:</u>Kalorije 43 Ugljikohidrati: 9g Masti: 0g Proteini: 3g

Porcije salate od brokule i cvjetače: 6

Vrijeme kuhanja: 20 minuta

Sastojci:

c. Crni papar, mljeveni

3 šalice cvjetova cvjetače

1 velika žlica. Ocat

1 c. draga moja

8 šalica nasjeckanog kelja

3 šalice cvjetića brokule

4 žlice. Ekstra djevičansko maslinovo ulje

½ c. Sol

1 ½ c. Dijon senf

1 c. draga moja

½ šalice trešanja, suhih

1/3 šalice pekan oraha, nasjeckanih

1 šalica sira Manchego, naribanog

Upute:

1. Zagrijte pećnicu na 450°F i stavite lim za pečenje na srednju rešetku.

2. Nakon toga u veliku zdjelu stavite cvjetiće cvjetače i brokule.

3. Tome dodajte pola soli, dvije žlice ulja i papar. Dobro promiješajte.

4. Sada smjesu prebacite u prethodno zagrijani lim i pecite 12 minuta, a između toga jednom okrenite.

5. Kada omekša i porumeni, izvadite ga iz pećnice i ostavite da se potpuno ohladi.

6. Za to vrijeme u drugoj posudi pomiješajte preostale dvije žlice ulja, ocat, med, senf i sol.

7. Ovom smjesom premažite listove kelja, dodirujući listove rukama. Ostavite sa strane 3 do 5 minuta.

8. Na kraju u salatu od brokule i cvjetače dodajte pečeno povrće, sir, višnje i pekan orahe.

Nutritivne informacije:Kalorije: 259 Kcal Proteini: 8,4 g Ugljikohidrati: 23,2 g Masti: 16,3 g

Pileća salata na kineski način

Porcije: 3

Vrijeme kuhanja: 25 minuta

Sastojci:

1 srednji zeleni luk (sitno narezan)

2 pileća prsa bez kostiju

2 žlice soja umaka

¼ žličice bijelog papra

1 žlica sezamovog ulja

4 šalice romaine salate (nasjeckane)

1 šalica kupusa (naribanog)

Mrkvu narezati na sitne kockice

¼ šalice nasjeckanih badema

¼ šalice rezanaca (samo za posluživanje)

Za pripremu kineskog vinaigreta:

1 češanj mljevenog češnjaka

1 žličica sojinog umaka

1 žlica sezamovog ulja

2 žlice rižinog octa

1 žlica šećera

Upute:

1. Pripremite kineski vinaigrette tako da sve sastojke izmiješate u zdjeli.

2. U zdjeli marinirajte pileća prsa s češnjakom, maslinovim uljem, soja umakom i bijelim paprom 20 minuta.

3. Stavite peći u prethodno zagrijanu pećnicu (na 225C).

4. Stavite pileća prsa u posudu za pečenje i pecite oko 20 minuta.

5. Za sastavljanje salate pomiješajte zelenu salatu, kupus, mrkvu i mladi luk.

6. Za posluživanje na tanjur stavite komad piletine i na to salatu. Ulijte malo vinaigrette na vrh s rezancima.

<u>Nutritivne informacije:</u>Kalorije 130 Ugljikohidrati: 10g Masti: 6g Proteini: 10g

Porcije paprika punjenih amarantom i kvinojom: 4

Vrijeme kuhanja: 1 sat i 10 minuta

Sastojci:

2 žlice amaranta

1 srednja tikvica, orezana, naribana

2 zrele rajčice, narezane na kockice

2/3 šalice (oko 135 g) kvinoje

1 glavica luka, srednje veličine, sitno nasjeckana

2 zgnječena češnja češnjaka

1 žličica mljevenog kima

2 žlice lagano prženih sjemenki suncokreta 75 g svježe ricotte

2 žlice ribiza

4 paprike, velike, prepolovljene po dužini i očišćene od sjemenki 2 žlice plosnatog peršina, krupno nasjeckanogUpute:

1. Lim za pečenje, po mogućnosti veliki, obložite papirom za pečenje (neljepljivim) i zagrijte pećnicu na 350 F unaprijed. Napunite lonac srednje

veličine s oko pola litre vode pa dodajte amarant i kvinoju; prokuhajte na umjerenoj vatri. Kada je gotovo, smanjite toplinu na nisku; poklopite i pirjajte dok grah ne postane al dente i voda ne upije, 12 do 15

minuta. Maknite s vatre i ostavite sa strane.

2. U međuvremenu malo nauljite veliku tavu i zagrijte je na srednje jakoj vatri. Kad se zagrije, dodajte luk s tikvicama i kuhajte dok ne omekša, nekoliko minuta, često miješajući. Dodajte kumin i češnjak; kuhajte jednu minutu. Maknite s vatre i ostavite da se ohladi.

3. Stavite žitarice, mješavinu luka, sjemenke suncokreta, ribizle, peršin, ricottu i rajčicu u zdjelu za miješanje, po mogućnosti veliku; dobro promiješajte sastojke dok se dobro ne sjedine—začinite paprom i soli po ukusu.

4. Pripremljenom smjesom od kvinoje napunite paprike i složite ih na pleh, prekrivši pleh aluminijskom folijom. Pecite u pećnici 17 do 20

minuta. Uklonite foliju i pecite dok nadjev ne porumeni, a povrće omekša poput vilice, još 15 do 20 minuta.

<u>Nutritivne informacije:</u>kcal 200 Masti: 8,5 g Vlakna: 8 g Proteini: 15 g

Hrskavi riblji fileti u kori od sira Porcije: 4

Vrijeme kuhanja: 10 minuta

Sastojci:

šalica krušnih mrvica od cjelovitog zrna pšenice

šalica parmezana, naribanog

¼ žličice morske soli ¼ žličice mljevenog papra

1 velika žlica. 4 fileta tilapije u maslinovom ulju

Upute:

1. Zagrijte pećnicu na 375°F.

2. U zdjelu za miješanje umiješajte krušne mrvice, parmezan, sol, papar i maslinovo ulje.

3. Dobro izmiješajte dok se sve dobro ne sjedini.

4. Smjesom premažite filete i svaki stavite na lagano poprskan lim za pečenje.

5. Stavite lim u pećnicu.

6. Pecite 10 minuta dok se fileti ne ispeku i porumene.

<u>Nutritivne informacije:</u>Kalorije: 255 Masti: 7 g Proteini: 15,9 g Ugljikohidrati: 34 g Vlakna: 2,6 g

Proteinski grah i zelene punjene školjke

Sastojci:

Prava sol ili morska sol

Maslinovo ulje

12 unci školjki veličine paketa (oko 40) 1 funta uvelog špinata

2 do 3 češnja češnjaka, oguljena i razdijeljena

15 do 16 unci. ricotta cheddar (idealno punomasno/punomasno mlijeko) 2 jaja

1 konzerva bijelog graha (npr. cannellini), ocijeđenog i ispranog

½ T zelenog pesta, napravljenog po narudžbi ili kupljenog lokalno Mljeveni crni papar

3 T (ili više) marinara umaka

Naribani parmezan ili pecorino cheddar (po želji)Upute:

1. Zakuhajte najmanje 5 litara vode u velikom loncu (ili radite u dvije manje količine). Dodajte žlicu soli, prstohvat maslinovog ulja i školjke. Kuhajte oko 9 minuta (ili dok još nije sasvim čvrsto), povremeno miješajući kako bi ljuske ostale izolirane. Nježno ocijedite ljuske u cjedilu ili ih izvadite iz vode šupljikavom žlicom. Brzo operite u hladnoj vodi. Obrubljeni lim za pečenje

obložite prozirnom folijom. Kad su školjke dovoljno ohlađene za rukovanje, odvojite ih rukom, ocijedite višak vode i otvorite otvor u jednom sloju na posudi od folije.

2. Nekoliko litara vode (ili ostatak vode od tjestenine, ako je niste ocijedili) stavite u mjehurić u sličan lonac. Dodajte uvenuli špinat i kuhajte tri minute na jakoj vatri dok ne omekša. Cjedilo obložite vlažnim papirnatim ručnicima ako su otvori veliki, zatim ocijedite špinat. Stavite cjedilo iznad zdjele da se više ocijedi kad počnete s punjenjem.

3. Dodajte samo češnjak u kuhinjski procesor i miješajte dok se ne nasjecka i ne zalijepi za stijenke. Ostružite stijenke zdjele, u ovom trenutku dodajte ricottu, jaja, grah, pesto, 1½

žličice soli i nekoliko prstohvata papra (važan pritisak). Pritisnite špinat u ruci kako biste dobro iscijedili vodu koja cirkulira, a zatim ga dodajte ostalim dodacima u multipraktiku. Procesirajte dok gotovo ne postane glatko, s malim komadićima špinata koji se još uvijek mogu primijetiti. Ja ne pokušavam probati nakon dodavanja sirovog jaja, ali ako mislite da je njegov osnovni okus malo i promijenite aromu prema ukusu.

4. Prethodno zagrijte roštilj na 350 (F) i lagano premažite četkom ili uljem 9 x 13"

tava, plus još jedna manja posuda za gulaš (oko 8-10 školjki ne stane u 9x13). Kako biste napunili školjke, uzmite svaku školjku redom, držeći je otvorenom palcem i kažiprstom svoje nedominantne ruke. Drugom rukom izdubite 3 do 4 žlice i sastružite u ljusku. Većina njih neće izgledati sjajno, što je u redu! Napunjene školjke stavite jednu do druge u pripremljenu posudu. Prelijte umak preko školjki, ostavljajući neusporedive komadiće zelenog nadjeva. Širite posudu s križem i pripremite 30 minuta. Pojačajte vatru na 375 (F), pospite školjke s malo naribanog parmezana (ako koristite) i vatru otkrijte još 5

10 minuta dok se cheddar ne otopi i dok se višak vlage ne smanji.

5. Ostavite da se ohladi 5 do 10 minuta, a zatim poslužite samostalno ili uz tanjur svježeg miješanog povrća!

Azijska salata s rezancima:

8 oz dugački rezanci od tjestenine od cjelovitog zrna pšenice - npr. špageti (koristite soba rezance za izradu rezanaca bez glutena) 24 oz Mann's Broccoli Cole Slaw - 2 vrećice od 12 oz 4 oz mljevene mrkve

1/4 šalice ekstra djevičanskog maslinovog ulja

1/4 šalice rižinog octa

3 žlice nektara - od svijetlog nektara agave napravite ljubitelj povrća

3 žlice glatkog tijesta za mazanje

2 žlice soja umaka s niskim sadržajem natrija - bez glutena ako je potrebno 1 žlica Sriracha umaka od papra - ili umaka od čilija i češnjaka, plus dodatak po ukusu

1 žlica mljevenog svježeg đumbira

2 žličice mljevenog češnjaka - oko 4 režnja 3/4 šalice prženog neslanog kikirikija, - uglavnom nasjeckanog 3/4 šalice svježeg cilantra - sitno nasjeckanog

Upute:

1. Zakuhajte veliki lonac posoljene vode. Kuhajte rezance dok još nisu malo čvrsti, prema uputama na pakiranju. Ocijedite i brzo isperite u hladnoj vodi

kako biste uklonili višak škroba i prestali kuhati, a zatim prebacite u veliku zdjelu za posluživanje. Uključite kupus salatu od brokule i mrkvu.

2. Dok se tjestenina kuha, pomiješajte maslinovo ulje, rižin ocat, nektar, namaz od oraha, sojin umak, Sriarchu, đumbir i češnjak. Prelijte preko smjese za rezance i promiješajte da se stegne. Dodajte kikiriki i cilantro i ponovno promiješajte. Poslužite ohlađeno ili na sobnoj temperaturi uz dodatni Sriracha umak po izboru.

3. Napomene o formuli

4. Azijska salata s rezancima može se poslužiti hladna ili na sobnoj temperaturi.

Spremnik ostaje u hladnjaku u vodonepropusnom držaču do 3 dana.

Porcije lososa i mahuna: 4

Vrijeme kuhanja: 26 minuta

Sastojci:

2 žlice maslinovog ulja

1 žuti luk nasjeckan

4 fileta lososa, bez kostiju

1 šalica zelenog graha, izrezanog i prepolovljenog

2 češnja češnjaka, mljevena

½ šalice pilećeg temeljca

1 žličica čilija u prahu

1 žličica slatke paprike

Prstohvat soli i crnog papra

1 žlica korijandera, nasjeckanog

Upute:

1. Zagrijte tavu s uljem na srednje jakoj vatri, dodajte luk, promiješajte i pržite 2 minute.

2. Dodajte ribu i pecite 2 minute sa svake strane.

3. Dodajte ostale sastojke, lagano promiješajte i kuhajte na 360 stupnjeva F 20 minuta.

4. Sve rasporedite po tanjurima i poslužite za ručak.

Nutritivne informacije:kalorije 322, lipidi 18,3, vlakna 2, ugljikohidrati 5,8, bjelančevine 35,7

Sastojci za piletinu punjenu sirom

2 zelena luka (sitno nasjeckana)

2 jalapeñosa bez sjemenki (sitno nasjeckana)

1/4 c. korijander

1 c. koricu limete

125 grama. Monterey Jack Cheddar (krupno mljevena) 4 mala pileća prsa bez kostiju i kože

3 žlice. maslinovo ulje

Sol

Papar

3 žlice. sok od limete

2 paprike (sitno nasjeckane)

1/2 manjeg crvenog luka (sitno sjeckanog)

5 pogl. natrgana romaine salata

Upute:

1. Zagrijte roštilj na 450°F. U zdjeli pomiješajte zeleni luk i jalapeños bez sjemenki, 1/4 šalice cilantra (nasjeckanog) i preljev od limete, a zatim umiješajte Monterey Jack cheddar.

2. Zabodite oštricu u najdeblji komad svakog od pilećih prsa bez kostiju i kože i pomičite se naprijed-natrag kako biste stvorili što širi džep od 2 1/2 inča bez naprezanja. Napunite piletinu smjesom od chedara.

3. Zagrijte 2 žlice maslinovog ulja u velikoj tavi na srednje jakoj vatri.

Začinite piletinu solju i paprom i pecite dok ne potamni s jedne strane, 3 do 4 minute. Okrenite piletinu i pecite je na roštilju dok ne bude pečena, 10 do 12 minuta.

4. U međuvremenu, u velikoj zdjeli, umutite sok limete, 1

žlica maslinovog ulja i 1/2 žličice soli. Dodajte papriku i crveni luk i ostavite da odstoji 10 minuta, povremeno miješajući. Dodajte zelenu salatu i 1 šalicu svježeg cilantra. Poslužite s piletinom i kriškama limete.

Rukola s gorgonzola vinaigrette Porcije: 4

Vrijeme kuhanja: 0 minuta

Sastojci:

1 vezica očišćene rikule

1 kruška, tanko narezana

1 žlica svježeg soka od limuna

1 češanj češnjaka, zgnječen

1/3 šalice gorgonzola sira, izmrvljenog

1/4 šalice juhe od povrća sa smanjenim udjelom natrija

Svježe mljeveni papar

4 žličice maslinovog ulja

1 žlica jabučnog octa

Upute:

1. U zdjelu stavite kriške kruške i limunov sok. Pomiješajte za premazivanje.

Na tanjur posložite kriške kruške, kao i rikulu.

2. U zdjeli pomiješajte ocat, ulje, sir, temeljac, papar i češnjak. Ostavite da odstoji 5 minuta, izvadite češnjak. Dodajte vinaigrette, zatim poslužite.

Nutritivne informacije:Kalorije 145 Ugljikohidrati: 23g Masti: 4g Proteini: 6g

Porcije supe od kupusa: 6

Vrijeme kuhanja: 35 minuta

Sastojci:

1 žuti luk nasjeckan

1 glavica zelenog kupusa, naribana

2 žlice maslinovog ulja

5 šalica juhe od povrća

1 mrkva oguljena i naribana

Prstohvat soli i crnog papra

1 žlica korijandera, nasjeckanog

2 žličice nasjeckanog timijana

½ žličice dimljene paprike

½ žličice ljute paprike

1 žlica soka od limuna

Porcije riže od cvjetače: 4

Vrijeme kuhanja: 10 minuta

Sastojci:

¼ šalice ulja za kuhanje

1 velika žlica. Kokosovo ulje

1 velika žlica. Kokosov šećer

4 šalice cvjetače, razlomljene na cvjetiće ½ c. Sol

Upute:

1. Prvo stavite cvjetaču u multipraktik i blendajte 1 do 2 minute.

2. Zagrijte ulje u velikoj tavi na srednje jakoj vatri pa u tavu dodajte narezanu cvjetaču, kokosov šećer i sol.

3. Dobro promiješajte i kuhajte 4-5 minuta ili dok cvjetača malo ne omekša.

4. Na kraju ulijte kokosovo mlijeko i uživajte.

Nutritivne informacije: Kalorije 108 Kcal Proteini: 27,1 g Ugljikohidrati: 11 g Lipidi: 6 g

Porcije feta fritaje i špinata: 4

Vrijeme kuhanja: 10 minuta

Sastojci:

½ malog smeđeg luka

250g izdanaka špinata

½ šalice feta sira

1 žlica paste od češnjaka

4 razmućena jaja

Mješavina začina

Sol i papar po ukusu

1 žlica maslinovog ulja

Upute:

1. Na ulje dodajte sitno nasjeckani luk i pirjajte na srednjoj vatri.

2. Dodajte špinat svijetlosmeđem luku i miješajte 2 min.

3. Hladnu smjesu špinata i luka dodajte jajima.

4. Sada dodajte pastu od češnjaka, sol i papar i promiješajte smjesu.

5. Ovu smjesu kuhajte na laganoj vatri i lagano umiješajte jaja.

6. Jajima dodajte posni sir i stavite tavu pod već zagrijani roštilj.

7. Kuhajte gotovo 2 do 3 minute dok fritaja ne porumeni.

8. Ovu feta fritaju poslužite toplu ili hladnu.

<u>Nutritivne informacije:</u>Kalorije 210 Ugljikohidrati: 5g Masti: 14g Proteini: 21g

Sastojci za naljepnice Fiery Chicken Pot

1 funta mljevene piletine

1/2 šalice nasjeckanog kupusa

1 mrkva, oguljena i nasjeckana

2 češnja češnjaka, protisnuta

2 zelena luka, sitno nasjeckana

1 žlica soja umaka sa smanjenim sadržajem natrija

1 žlica hoisin umaka

1 žlica prirodno mljevenog đumbira

2 žličice sezamovog ulja

1/4 žličice mljevenog bijelog papra

Pakiranje od 36 won tona

2 žlice biljnog ulja

ZA UMAK OD PAPRIČNOG ULJA:

1/2 šalice biljnog ulja

1/4 šalice sušenog crvenog čilija, zdrobljenog

2 češnja češnjaka, mljevena

Upute:

1. Zagrijte biljno ulje u malom loncu na srednje jakoj vatri. Umiješajte zgnječenu papriku i češnjak, povremeno miješajući, dok ulje ne dosegne 180 stupnjeva F, oko 8 do 10 minuta; staviti na sigurno mjesto.

2. U velikoj zdjeli pomiješajte piletinu, kupus, mrkvu, češnjak, zeleni luk, sojin umak, hoisin umak, đumbir, sezamovo ulje i bijeli papar.

3. Za sakupljanje knedli stavite omote na radnu površinu.

Stavite 1 žlicu mješavine piletine u žarišnu točku svakog omota. Prstom istrljajte rubove pakiranja vodom. Izmrvite smjesu preko nadjeva kako biste oblikovali polumjesec, pritiskajući rubove da se zatvore.

4. Zagrijte biljno ulje u velikoj tavi na srednje jakoj vatri.

Dodajte naljepnice za lonce u jednom sloju i kuhajte dok ne postanu sjajni i hrskavi, oko 2-3 minute po strani.

5. Brzo poslužite s vrućim umakom od ulja.

Račići s češnjakom i izmrvljenom cvjetačom
Porcije: 2

Vrijeme kuhanja: 15 minuta

Sastojci:

Za pripremu škampi

1 funta škampa

2-3 žlice Cajun začina

Sol

1 žlica maslaca/gheeja

Za pripremu sjemenki cvjetače

2 žlice gheeja

12 unci cvjetače

1 režanj češnjaka

Posolite po ukusu

Upute:

1. Kuhajte cvjetaču i češnjak u 8 unci vode na srednjoj vatri dok ne omekšaju.

2. Pomiješajte mekanu cvjetaču u multipraktiku s gheejem. Postupno dodajte kipuću vodu da dobijete pravu konzistenciju.

3. Pospite 2 žlice Cajun začina po škampima i marinirajte.

4. U veliku tavu stavite 3 žlice gheeja i kuhajte kozice na srednjoj vatri.

5. U zdjelu stavite veliku žlicu griza od cvjetače i napunite prženim škampima.

Nutritivne informacije:Kalorije 107 Ugljikohidrati: 1g Lipidi: 3g Proteini: 20g

Porcije tune i brokule: 1

Vrijeme kuhanja: 10 minuta

Sastojci:

1 c. Ekstra djevičansko maslinovo ulje

3 oz. Tuna u vodi, po mogućnosti svijetla i velika, ocijeđena 1 žlica. Orasi krupno nasjeckani

2 šalice brokule, sitno nasjeckane

½ c. Pikantni umak

Upute:

1. Započnite bacanjem brokule, začina i tunjevine u veliku zdjelu dok se dobro ne sjedine.

2. Zatim povrće stavite u mikrovalnu 3 minute ili dok ne omekša

3. Zatim dodajte orahe i maslinovo ulje u zdjelu i dobro promiješajte.

4. Poslužite i uživajte.

Nutritivne informacije: Kalorije 259 Kcal Proteini: 27,1 g Ugljikohidrati: 12,9 g Masti: 12,4 g

Juha od butternut tikve i škampi Porcije: 4

Vrijeme kuhanja: 20 minuta

Sastojci:

3 žlice neslanog maslaca

1 manji crveni luk, sitno nasjeckan

1 režanj češnjaka, narezan na ploške

1 žličica kurkume

1 žličica soli

¼ žličice svježe mljevenog crnog papra

3 šalice juhe od povrća

2 šalice oguljene butternut tikve, narezane na kockice od 1/2 inča 1 funta kuhanih račića s ljuskom, odmrznutih ako je potrebno 1 šalica nezaslađenog bademovog mlijeka

¼ šalice nasjeckanih badema (po želji)

2 žlice sitno nasjeckanog svježeg plosnatog peršina 2 žličice naribane ili nasjeckane korice limuna

Upute:

1. Otopite maslac na jakoj vatri u velikom loncu.

2. Dodajte luk, češnjak, kurkumu, sol i papar i pirjajte dok povrće ne omekša i postane prozirno, 5 do 7 minuta.

3. Dodajte juhu i tikvice i pustite da zavrije.

4. Pustite da lagano kuha 5 minuta.

5. Dodajte škampe i bademovo mlijeko i kuhajte dok se ne zagrije, oko 2 minute.

6. Pospite bademima (ako koristite), peršinom i koricom limuna i poslužite.

<u>Nutritivne informacije:</u>Kalorije 275 Ukupni lipidi: 12 g Ukupni ugljikohidrati: 12 g Šećer: 3 g Vlakna: 2 g Proteini: 30 g Natrij: 1665 mg

Porcije ukusnih pečenih purećih okruglica: 6

Vrijeme kuhanja: 30 minuta

Sastojci:

1 funta mljevene puretine

½ šalice svježih, bijelih ili integralnih krušnih mrvica ½ šalice parmezana, svježe naribanog

½ žlice. bosiljak, svježe nasjeckani

½ žlice. origano, svježe nasjeckani

1 veće umućeno jaje

1 velika žlica. peršin, svježe nasjeckani

3 žlice mlijeka ili vode

Prstohvat soli i papra

Prstohvat svježe naribanog muškatnog oraščića

Upute:

1. Zagrijte pećnicu na 350°F.

2. Dva pleha obložiti papirom za pečenje.

3. Pomiješajte sve sastojke u velikoj zdjeli za miješanje.

4. Smjesu oblikujte u kuglice od 1 inča i svaku kuglicu stavite u posudu za pečenje.

5. Stavite tepsiju u pećnicu.

6. Pecite 30 minuta ili dok puretina ne bude pečena i površine ne porumene.

7. Polpete jednom okrenite na pola pečenja.

Nutritivne informacije:Kalorije: 517 CalGres: 17,2 g Proteini: 38,7 g Ugljikohidrati: 52,7 g Vlakna: 1 g

Porcije bistre juhe od školjki: 4

Vrijeme kuhanja: 15 minuta

Sastojci:

2 žlice neslanog maslaca

2 srednje mrkve, narezane na komade od ½ inča

2 grančice celera, tanko narezane

1 mali crveni luk, narezan na ¼ inča

2 češnja češnjaka narezana na ploške

2 šalice juhe od povrća

1 boca (8 unci) soka od školjki

1 kutija školjki od 10 unci

½ žličice suhe majčine dušice

½ žličice soli

¼ žličice svježe mljevenog crnog papra

Upute:

1. Otopite maslac u velikom loncu na jakoj vatri.

2. Dodajte mrkvu, celer, luk i češnjak i pirjajte dok malo ne omekšaju, 2 do 3 minute.

3. Dodajte juhu i sok od školjki i zakuhajte.

4. Zakuhajte i kuhajte dok mrkva ne omekša, 3 do 5 minuta.

5. Dodajte školjke i njihov sok, majčinu dušicu, sol i papar, zagrijte 2 do 3 minute i poslužite.

<u>Nutritivne informacije:</u>Kalorije 156 Ukupni lipidi: 7 g Ukupni ugljikohidrati: 7 g Šećer: 3 g Vlakna: 1 g Proteini: 14 g Natrij: 981 mg

Porcije riže i piletine u loncu: 4

Vrijeme kuhanja: 25 minuta

Sastojci:

1 lb pilećih prsa slobodnog uzgoja, bez kostiju i kože ¼ šalice smeđe riže

lb gljiva po izboru, narezanih na ploške

1 poriluk, nasjeckan

¼ šalice nasjeckanih badema

1 šalica vode

1 velika žlica. maslinovo ulje

1 šalica zelenih mahuna

½ šalice jabučnog octa

2 žlice. brašno za sve namjene

1 šalica mlijeka, niske masnoće

¼ šalice parmezana, svježe naribanog

¼ šalice kiselog vrhnja

Prstohvat morske soli, po potrebi dodajte još

mljeveni crni papar, po ukusu

Upute:

1. Ulijte smeđu rižu u lonac. Dodajte vode. Poklopite i pustite da zavrije. Smanjite vatru, pa kuhajte 30 minuta ili dok riža ne bude kuhana.

2. U međuvremenu u tavu dodajte pileća prsa i zalijte vodom tek toliko da ih prekrije—posolite. Zakuhajte smjesu, zatim smanjite vatru i kuhajte 10 minuta.

3. Narežite piletinu. Staviti na stranu.

4. Zagrijte maslinovo ulje. Skuhajte poriluk dok ne omekša. Dodajte gljive.

5. U smjesu ulijte jabučni ocat. Pržite smjesu dok ocat ne ispari. Dodajte brašno i mlijeko u tavu.

Pospite parmezanom i dodajte kiselo vrhnje. Začinite crnim paprom.

6. Zagrijte pećnicu na 350 stupnjeva F. Lagano namažite vatrostalnu posudu uljem.

7. U lonac rasporedite kuhanu rižu, zatim narezanu piletinu i mahune. Dodajte gljive i umak od poriluka.

Na vrh staviti bademe.

8. Pecite u pećnici 20 minuta ili dok ne porumene. Ostavite da se ohladi prije posluživanja.

Nutritivne informacije:Kalorije 401 Ugljikohidrati: 54 g Masti: 12 g Proteini: 20 g

Jambalaya od pirjanih škampa Porcije: 4

Vrijeme kuhanja: 30 minuta

Sastojci:

10 oz. srednji škampi, bez ljuske

šalica nasjeckanog celera ½ šalice nasjeckanog luka

1 velika žlica. ulja ili maslaca ¼ žličice češnjaka, mljevenog

žličica luka soli ili morske soli

šalica umaka od rajčice ½ žličice dimljene paprike

½ žličice Worcestershire umaka

šalica mrkve, nasjeckane

1 šalica pileće kobasice, prethodno kuhane i narezane na kockice 2 šalice leće, namočene preko noći i prethodno kuhane 2 šalice bamije, nasjeckane

Prstohvat mljevene crvene paprike i parmezana s crnim paprom, naribanog za ukras (po želji)Upute:

1. Pirjajte škampe, celer i luk na ulju u tavi na srednje jakoj vatri pet minuta ili dok škampi ne postanu ružičasti.

2. Dodajte ostale sastojke i pržite 10

minuta, ili dok povrće ne omekša.

3. Za posluživanje ravnomjerno podijelite jambalaya smjesu u četiri zdjelice za posluživanje.

4. Po želji ukrasite paprom i sirom.

<u>Nutritivne informacije:</u>Kalorije: 529 Masti: 17,6 g Proteini: 26,4 g Ugljikohidrati: 98,4 g Vlakna: 32,3 g

Porcije piletine s čilijem: 6

Vrijeme kuhanja: 1 sat

Sastojci:

1 žuti luk nasjeckan

2 žlice maslinovog ulja

2 češnja češnjaka, mljevena

1 funta pilećih prsa, bez kože, kostiju i narezanih na kockice 1 zelena paprika, nasjeckana

2 šalice pileće juhe

1 žlica kakaa u prahu

2 žlice čilija u prahu

1 žličica dimljene paprike

1 šalica konzerviranih rajčica, nasjeckanih

1 žlica korijandera, nasjeckanog

Prstohvat soli i crnog papra

Upute:

1. Zagrijte tavu s uljem na srednje jakoj vatri, dodajte luk i češnjak i pržite 5 minuta.

2. Dodajte meso i pržite još 5 minuta.

3. Dodajte ostale sastojke, promiješajte, kuhajte na srednjoj vatri 40 minuta.

4. Podijelite čili u zdjelice i poslužite za ručak.

Nutritivne informacije:kalorija 300, lipidi 2, vlakna 10, ugljikohidrati 15, proteini 11

Porcije juhe od češnjaka i leće: 4

Vrijeme kuhanja: 15 minuta

Sastojci:

2 žlice ekstra djevičanskog maslinovog ulja

2 srednje mrkve, tanko narezane

1 mali bijeli luk, narezan na kockice od ¼ inča

2 režnja češnjaka, tanko narezana

1 žličica mljevenog cimeta

1 žličica soli

¼ žličice svježe mljevenog crnog papra

3 šalice juhe od povrća

1 konzerva (15 unci) leće, ocijeđena i isprana 1 žlica nasjeckane ili naribane narančine korice

¼ šalice nasjeckanih oraha (po želji)

2 žlice sitno nasjeckanog svježeg peršina Upute:

1. Zagrijte ulje na jakoj vatri u velikom loncu.

2. Dodajte mrkvu, luk i češnjak i pirjajte dok ne omekšaju, 5 do 7 minuta.

3. Umiješajte cimet, sol i papar i miješajte da se povrće ravnomjerno prekrije, 1 do 2 minute.

4. Stavite juhu i prokuhajte. Pustite da zavrije pa dodajte leću i kuhajte 1 minutu.

5. Umiješajte narančinu koricu i poslužite posuto orasima (ako ima) i peršinom.

<u>Nutritivne informacije:</u>Kalorije 201 Ukupna masnoća: 8g Ukupno ugljikohidrati: 22g Šećer: 4g Vlakna: 8g Protein: 11g Natrij: 1178mg

Pikantne tikvice i piletina u klasičnom Santa Fe prženju

Porcije: 2

Vrijeme kuhanja: 15 minuta

Sastojci:

1 velika žlica. maslinovo ulje

2 pileća prsa, narezana

1 glavica luka, mala, narezana na kockice

2 režnja češnjaka, nasjeckana 1 tikvica, narezana na kockice ½ šalice mrkve, naribane

1 žličica dimljene paprike 1 žličica mljevenog kima

½ žličice čilija u prahu

2 žlice. svježi sok od limete

šalica cilantra, svježe nasjeckanog

Smeđa riža ili kvinoja, prilikom posluživanja

Upute:

1. Pirjajte piletinu na maslinovom ulju oko 3 minute dok piletina ne porumeni. Staviti na stranu.

2. Koristite isti wok i dodajte luk i češnjak.

3. Kuhajte dok luk ne omekša.

4. Dodajte mrkvu i tikvice.

5. Umiješajte smjesu i nastavite kuhati oko minutu.

6. U smjesu dodajte sve začine i kuhajte još minutu.

7. Vratite piletinu u wok i prelijte sokom od limete.

8. Miješajte dok ne bude kuhano.

9. Za posluživanje smjesu stavite preko kuhane riže ili kvinoje i ukrasite svježe nasjeckanim cilantrom.

Nutritivne informacije:Kalorije: 191 Masti: 5,3 g Proteini: 11,9 g Ugljikohidrati: 26,3 g Vlakna: 2,5 g

Tacosi od tilapije s vrhunskom salatom od đumbira i sezama

Porcije: 4

Vrijeme kuhanja: 5 sati

Sastojci:

1 žličica svježeg đumbira, naribanog

Sol i svježe mljeveni crni papar po ukusu 1 žličica stevije

1 žlica soja umaka

1 žlica maslinovog ulja

1 žlica soka od limuna

1 žlica običnog jogurta

1½ lb fileta tilapije

1 šalica mješavine salate od kupusa

Upute:

1. Uključite instant lonac, dodajte sve sastojke osim fileta tilapije i mješavine salate od kupusa i miješajte dok se dobro ne sjedine.

2. Zatim dodajte filete, miješajte dok se dobro ne oblože, zatvorite poklopcem, pritisnite

"slow cooking" tipku i kuhajte 5 sati, a na pola pečenja filete okrenite.

3. Kad su gotovi, prebacite filete na tanjur i ostavite da se potpuno ohlade.

4. Za pripremu obroka, smjesu salate od kupusa podijelite u četiri hermetički zatvorene posude, dodajte tilapiju i stavite u hladnjak do tri dana.

5. Kad dođe vrijeme za jelo, zagrijte tilapiju u mikrovalnoj pećnici dok se ne zagrije, a zatim poslužite s salatom od kupusa.

<u>Nutritivne informacije:</u>Kalorije 278, ukupne masti 7,4 g, ukupni ugljikohidrati 18,6 g, bjelančevine 35,9 g, šećer 1,2 g, vlakna 8,2 g, natrij 194 mg

Porcije variva od curry leće: 4

Vrijeme kuhanja: 15 minuta

Sastojci:

1 žlica maslinovog ulja

1 glavica luka nasjeckana

2 češnja češnjaka, mljevena

1 žlica organskog curry začina

4 šalice juhe od organskog povrća s niskim sadržajem natrija 1 šalica crvene leće

2 šalice butternut tikve, kuhane

1 šalica kelja

1 žličica kurkume

Morska sol po ukusu

Upute:

1. Pirjajte maslinovo ulje s lukom i češnjakom u velikoj tavi na srednje jakoj vatri, dodajte. Pržiti 3 minute.

2. Dodajte organski curry začin, povrtnu juhu i leću te pustite da zavrije. Kuhajte 10 minuta.

3. Umiješajte kuhanu butternut tikvicu i kelj.

4. Dodajte kurkumu i morsku sol po ukusu.

5. Poslužite vruće.

Nutritivne informacije:Ukupno ugljikohidrata 41 g Dijetalna vlakna: 13 g Proteini: 16 g Ukupni lipidi: 4 g Kalorije: 252

Cezar salata s keljom i pilećim zamotom na žaru Porcije: 2

Vrijeme kuhanja: 20 minuta

Sastojci:

6 šalica kelja, narezanog na male komadiće ½ tvrdo kuhanog jajeta; kuhana

8 unci piletine na žaru, tanko narezane

½ žličice Dijon senfa

¾ šalice parmezana, sitno naribanog

mljeveni crni papar

košer soli

1 režanj češnjaka, samljeven

1 šalica cherry rajčica, narezana na četvrtine

1/8 šalice soka od limuna, svježe iscijeđenog

2 velike tortilje ili dva Lavash somuna

1 žličica agave ili meda

1/8 šalice maslinovog ulja

Upute:

1. Pomiješajte polovicu tvrdo kuhanog jaja sa senfom, mljevenim češnjakom, medom, maslinovim uljem i limunovim sokom u velikoj zdjeli za miješanje. Miješajte dok ne dobijete glatki vinaigrette. Začinite paprom i soli po ukusu.

2. Dodajte cherry rajčice, piletinu i kelj; lagano miješajte dok se dobro ne prekrije vinaigretteom, zatim dodajte ¼ šalice parmezana.

3. Namazati somune i ravnomjerno rasporediti pripremljenu salatu po zamotuljcima; svaku pospite s otprilike ¼ šalice parmezana.

4. Smotajte zamotuljke i prepolovite. Poslužite odmah i uživajte.

Nutritivne informacije:kcal 511 Masti: 29 g Vlakna: 2,8 g Proteini: 50 g

Porcije salate od špinata: 1

Vrijeme kuhanja: 5 minuta

Sastojci:

1 šalica svježeg špinata

¼ šalice konzerviranog crnog graha

½ šalice konzerviranog slanutka

½ šalice cremini gljiva

2 žlice organskog balzamičnog vinaigreta 1 žlica maslinovog ulja

Upute:

1. Kuhajte cremini gljive s maslinovim uljem na laganoj do srednjoj vatri 5 minuta dok ne poprime laganu zlatnu boju.

2. Sastavite salatu tako da na tanjur dodate svježi špinat i ubacite mahune, gljive i balsamico vinaigrette.

<u>Nutritivne informacije:</u>Ukupno ugljikohidrati 26 g Dijetalna vlakna: 8 g Proteini: 9 g Ukupni lipidi: 15 g Kalorije: 274

Losos u korici s orasima i ružmarinom Porcije: 6

Vrijeme kuhanja: 20 minuta

Sastojci:

1 češanj mljevenog češnjaka

1 žlica Dijon senfa

¼ žlice limunove korice

1 žlica soka od limuna

1 žlica svježeg ružmarina

1/2 žlice meda

Maslinovo ulje

Svježi peršin

3 žlice nasjeckanih oraha

1 funta lososa bez kože

1 žlica mljevene svježe crvene paprike

Sol papar

Kriške limuna za ukras

3 žlice Panko krušnih mrvica

1 žlica ekstra djevičanskog maslinovog ulja

Upute:

1. Raširite pleh u pećnici i zagrijte je na 240C.

2. U zdjeli pomiješajte pastu od gorušice, češnjak, sol, maslinovo ulje, med, limunov sok, mljevenu crvenu papriku, ružmarin, gnojni med.

3. Pomiješajte panko, orahe i ulje pa rasporedite tanku šnitu ribe po limu za pečenje. Također poprskajte maslinovim uljem obje strane ribe.

4. Stavite smjesu orašastih plodova na losos s mješavinom senfa na vrh.

5. Losos kuhajte gotovo 12 minuta. Ukrasite svježim peršinom i kriškama limuna i poslužite vruće.

Nutritivne informacije:Kalorije 227 Ugljikohidrati: 0g Masti: 12g Proteini: 29g

Pečeni slatki krumpir s crvenim tahini umakom

Porcije: 4

Vrijeme kuhanja: 30 minuta

Sastojci:

15 unci konzerviranog slanutka

4 slatka krumpira srednje veličine

½ žlice maslinovog ulja

1 prstohvat soli

1 žlica soka od limete

1/2 žlice kumina, korijandera i paprike u prahu Za umak od češnjaka i začinskog bilja

¼ šalice tahini umaka

½ žlice soka limete

3 češnja češnjaka

Posolite po ukusu

Upute:

1. Zagrijte pećnicu na 204°C. Slanutak pomiješajte sa soli, začinima i maslinovim uljem. Raširite ih na aluminijsku foliju.

2. Ploške batata premažite uljem i stavite na marinirane mahune i pecite.

3. Za umak pomiješajte sve dodatke u posudi. Dodajte malo vode, ali neka bude gusto.

4. Izvadite batat iz pećnice nakon 25 minuta.

5. Ovu pečenu salatu od slanutka od slatkog krumpira prelijte začinjenim preljevom od češnjaka.

Nutritivne informacije: Kalorije 90 Ugljikohidrati: 20g Masti: 0g Proteini: 2g

Porcije talijanske ljetne juhe od tikvica: 4

Vrijeme kuhanja: 15 minuta

Sastojci:

3 žlice ekstra djevičanskog maslinovog ulja

1 manji crveni luk narezan na tanke ploške

1 režanj češnjaka, samljeven

1 šalica naribane tikvice

1 šalica naribane žute tikve

½ šalice naribane mrkve

3 šalice juhe od povrća

1 žličica soli

2 žlice sitno nasjeckanog svježeg bosiljka

1 žlica sitno nasjeckanog svježeg vlasca

2 žlice pinjola

Upute:

1. Zagrijte ulje na jakoj vatri u velikom loncu.

2. Dodajte luk i češnjak i pirjajte dok ne omekšaju, 5 do 7 minuta.

3. Dodajte tikvice, žutu tikvicu i mrkvu i pirjajte dok ne omekšaju, 1 do 2 minute.

4. Dodajte juhu i sol i pustite da zavrije. Pirjajte 1 do 2 minute.

5. Umiješajte bosiljak i vlasac te poslužite posuto pinjolima.

<u>Nutritivne informacije:</u>Kalorije 172 Ukupni lipidi: 15 g Ukupni ugljikohidrati: 6 g Šećer: 3 g Vlakna: 2 g Proteini: 5 g Natrij: 1170 mg

Porcije juhe od šafrana i lososa: 4

Vrijeme kuhanja: 20 minuta

Sastojci:

¼ šalice ekstra djevičanskog maslinovog ulja

2 poriluka, samo bijele dijelove, narezati na tanke ploške

2 srednje mrkve, tanko narezane

2 režnja češnjaka, tanko narezana

4 šalice juhe od povrća

1 funta fileta lososa bez kože, izrezanog na komade od 1 inča 1 žličica soli

¼ žličice svježe mljevenog crnog papra

¼ žličice šafranove niti

2 šalice mladog špinata

½ šalice suhog bijelog vina

2 žlice nasjeckanog mladog luka, bijelih i zelenih dijelova 2 žlice sitno nasjeckanog svježeg peršinaUpute:

1. Zagrijte ulje na jakoj vatri u velikom loncu.

2. Dodajte poriluk, mrkvu i češnjak i pirjajte dok ne omekšaju, 5 do 7 minuta.

3. Stavite juhu i prokuhajte.

4. Pustite da zakuha i dodajte losos, sol, papar i šafran. Kuhajte dok se losos ne skuha, oko 8 minuta.

5. Dodajte špinat, vino, mladi luk i peršin i kuhajte dok špinat ne uvene, 1 do 2 minute, i poslužite.

<u>Nutritivne informacije:</u>Kalorije 418 Ukupni lipidi: 26 g Ukupni ugljikohidrati: 13 g Šećer: 4 g Vlakna: 2 g Proteini: 29 g Natrij: 1455 mg

Slatko-kisela juha sa škampima i gljivama s tajlandskim okusom

Porcije: 6

Vrijeme kuhanja: 38 minuta

Sastojci:

3 žlice neslanog maslaca

1 lb škampi, bez ljuske i vena

2 žličice mljevenog češnjaka

1 inč korijena đumbira, oguljenog

1 srednji luk, narezan na kockice

1 crvena tajlandska paprika, nasjeckana

1 stabljika limunske trave

½ žličice svježe korice limete

Sol i svježe mljeveni crni papar, po ukusu 5 šalica pileće juhe

1 žlica kokosovog ulja

½ lb cremini gljiva, narezanih na četvrtine

1 manja zelena tikvica

2 žlice svježeg soka od limete

2 žlice ribljeg umaka

¼ vezice svježeg tajlandskog bosiljka, nasjeckanog

¼ vezice svježeg korijandera, nasjeckanog

Upute:

1. Uzmite veliki lonac, stavite ga na srednje jaku vatru, dodajte maslac i kada se rastopi, dodajte kozice, češnjak, đumbir, luk, čili, limunsku travu i koricu limete, začinite solju i crnim paprom i kuhajte 3 minute.

2. Ulijte juhu, pustite da se kuha 30 minuta, a zatim filtrirajte.

3. Stavite veliku tavu na srednju vatru, dodajte ulje i kad se zagrije, dodajte gljive i tikvice, još začinite solju i crnim paprom i kuhajte 3 minute.

4. Dodajte mješavinu škampa u tavu, pirjajte 2 minute, pokapajte sokom limete i ribljim umakom i kuhajte 1 minutu.

5. Kušajte kako biste prilagodili začine, zatim maknite tavu s vatre, ukrasite cilantrom i bosiljkom i poslužite.

Nutritivne informacije: Kalorije 223, ukupne masti 10,2 g, ukupni ugljikohidrati 8,7 g, bjelančevine 23 g, šećer 3,6 g, natrij 1128 mg

Orzo sa sušenim rajčicama Sastojci:

1 lb pilećih prsa bez kostiju i kože, izrezanih na komade od 3/4 inča

1 žlica + 1 žlica maslinovog ulja

Sol i mljeveni crni papar

2 češnja češnjaka, mljevena

1/4 šalice (8 oz) suhe orzo tjestenine

2 3/4 šalice pileće juhe s niskim sadržajem natrija, u ovom trenutku raznovrsnije (nemojte koristiti običnu temeljac, bit će pretjerano slano) 1/3 šalice uljem punjenih komadića rajčice sušene na suncu začinsko bilje (oko 12 dijelova. Otresite malo viška ulja), sitno nasjeckajte u sjeckalici

1/2 - 3/4 šalice sitno nasjeckanog cheddar parmezana, po ukusu 1/3 šalice nasjeckanog hrskavog bosiljka

Upute:

1. Zagrijte 1 žlicu maslinovog ulja u tavi za pirjanje na srednje jakoj vatri.

2. Kad postane sjajna, dodajte piletinu, lagano začinite solju i paprom i kuhajte dok ne postane sjajna, oko 3 minute, nakon čega okrenite na suprotne strane i kuhajte dok boja ne postane svijetla i kuhana, oko 3 minute. Prebacite piletinu na tanjur, prekrijte aluminijskom folijom da ostane topla.

3. Dodajte 1 žličicu maslinovog ulja da popržite jelo u ovom trenutku, dodajte češnjak i pirjajte 20 sekundi, ili dok ne postane lagano proziran, zatim ulijte pileći temeljac dok stružete kuhane komadiće s dna tave.

4. Pustite temeljac da zakipi u ovoj fazi, uključujući orzo tjesteninu, smanjite vatru na srednje neprianjajuću tavu s poklopcem i lagano pirjajte 5 minuta u ovoj fazi, poklopite, promiješajte i nastavite pirjati dok ne orzo je mekan, cca 5 minuta duže, uz povremeno miješanje (nemojte se uzrujavati ako je ostalo još malo soka, to će mu dati malo hrabrosti).

5. Kad je tjestenina kuhana, piletinu ubaciti u orzo i maknuti s vatre. Dodajte cheddar parmezan i miješajte dok se ne otopi, tada dodajte sušene rajčice, bosiljak i začinite

s paprom (sol vam ne treba ali dodajte malo ako mislite da treba).

6. Dodati još soka da se razrijedi po želji (kako tjestenina odstoji, upiti će višak tekućine, a meni je bilo malo previše pa sam dodala još malo). Poslužite vruće.

Porcije juhe od gljiva i cikle: 4

Vrijeme kuhanja: 40 minuta

Sastojci:

2 žlice maslinovog ulja

1 žuti luk nasjeckan

2 cikle oguljene i narezane na velike kocke

1 funta bijelih gljiva, narezanih

2 češnja češnjaka, mljevena

1 žlica paste od rajčice

5 šalica juhe od povrća

1 žlica nasjeckanog peršina

Upute:

1. Zagrijte tavu s uljem na srednje jakoj vatri, dodajte luk i češnjak i pržite 5 minuta.

2. Dodajte gljive, promiješajte i pržite još 5 minuta.

3. Dodajte ciklu i ostale sastojke, zakuhajte i kuhajte na srednjoj vatri još 30 minuta uz povremeno miješanje.

4. Juhu razlijte u zdjelice i poslužite.

<u>Nutritivne informacije:</u>kalorija 300, lipidi 5, vlakna 9, ugljikohidrati 8, proteini 7

Sastojci za pileće okruglice s parmezanom:

2 kilograma mljevene piletine

3/4 šalice panko krušnih mrvica bez glutena poslužit će 1/4 šalice sitno nasjeckanog luka

2 žlice nasjeckanog peršina

2 mljevena češnja češnjaka

sastav od 1 malog limuna oko 1 žličica 2 jaja

3/4 šalice Pecorino Romano ili nasjeckanog parmezana 1 žličica krupne soli

1/2 žličice krupno mljevenog crnog papra

1 litra marinara umaka pet minuta

4 do 6 unci mozzarelle, narezane na male komadiće

Upute:

1. Zagrijte štednjak na 400 stupnjeva, stavljajući rešetku u gornju trećinu roštilja. U velikoj zdjeli pomiješajte sve osim marinare i mozzarelle. Lagano izmiješajte rukama ili velikom žlicom. Pokupite i oblikujte male polpete i stavite na lim za pečenje obložen aluminijskom folijom. Polpete stavite jednu do druge na tanjur tako da se drže zajedno. Svaku polpetu prelijte s otprilike pola žlice umaka. Vozite 15 minuta.

2. Maknite mesne okruglice sa štednjaka i povećajte temperaturu roštilja da se ispeku. Preko svake mesne okruglice prelijte još pola žlice umaka i ukrasite kvadratićem mozzarelle. (Ja sam izrezao svijetle komade veličine oko 1 inča.) Pecite na roštilju dodatne 3 minute, dok cheddar ne omekša i postane sjajan. Poslužite s dodatnim umakom. Uživajte!

Mesne okruglice Alla Parmigiana Sastojci:

Za mesne okruglice

Mljeveni hamburger od 1,5 lb (80/20)

2 žlice hrskavog peršina, nasjeckanog

3/4 šalice ribanog parmezana

1/2 šalice bademovog brašna

2 jaja

1 žličica soli

1/4 žličice mljevenog crnog papra

1/4 žličice češnjaka u prahu

1 čajna žličica suhih kapi luka

1/4 cc sušenog origana

1/2 šalice tople vode

Za parmezan

1 šalica jednostavnog keto marinara umaka (ili bilo kojeg lokalnog marinara bez šećera)

4 unce mozzarella cheddara

Upute:

1. Pomiješajte sve mesne okruglice u velikoj zdjeli i dobro promiješajte.

2. Oblikujte petnaest kuglica od 2".

3. Pecite na 350 stupnjeva (F) 20 minuta ILI pržite u velikoj tavi na srednjoj vatri dok ne bude pečeno. Savjet - pokušajte zapržiti masnoću od slanine ako je imate - dodaje novu razinu okusa. Fricasseeing proizvodi sjajno sjenčanje tamne boje koje se vidi na gornjim fotografijama.

4. Za Parmigianu:

5. Pečene polpete stavite u posudu za pečenje.

6. Svaku polpetu prelijte s otprilike 1 žlicom umaka.

7. Svaku premažite s oko 1/4 oz mozzarella cheddara.

8. Pecite na 350 stupnjeva (F) 20 minuta (40 minuta ako su mesne okruglice očvrsnule) ili dok se ne zagrije i cheddar sir ne postane sjajan.

9. Po želji ukrasite svježim peršinom.

Tanjur purećih prsa sa zlatnim povrćem

Porcije: 4

Vrijeme kuhanja: 45 minuta

Sastojci:

2 žlice neslanog maslaca, na sobnoj temperaturi 1 srednja tikvica paprike, bez sjemenki i narezana na tanke ploške 2 velike zlatne cikle, oguljene i narezane na tanke ploške ½ srednje velike glavice žutog luka, narezane na tanke ploške

½ purećih prsa bez kostiju s kožom (1 do 2 funte) 2 žlice meda

1 žličica soli

1 žličica kurkume

¼ žličice svježe mljevenog crnog papra

1 šalica pileće juhe ili juhe od povrća

Upute:

1. Zagrijte pećnicu na 400°F. Pleh namazati maslacem.

2. Složite tikvicu, ciklu i luk u jednom sloju na lim za pečenje. Stavite puretinu s kožom prema gore. Prelijte medom.

Začinite solju, kurkumom i paprom te dodajte juhu.

3. Pecite dok purica ne zabilježi 165°F u središtu s termometrom za trenutno očitavanje, 35 do 45 minuta. Izvadite i ostavite da odstoji 5 minuta.

4. Narežite i poslužite.

<u>Nutritivne informacije:</u>Kalorije 383 Ukupni lipidi: 15 g Ukupno ugljikohidrati: 25 g Šećer: 13 g Vlakna: 3 g Proteini: 37 g Natrij: 748 mg

Zeleni curry s kokosom i kuhanom rižom

Porcije: 8

Vrijeme kuhanja: 20 minuta

Sastojci:

2 žlice maslinovog ulja

12 unci tofua

2 srednja slatka krumpira (narezana na kockice)

Posolite po ukusu

314 unci kokosovog mlijeka

4 žlice zelene curry paste

3 šalice cvjetića brokule

Upute:

1. Tofuu uklonite višak vode i pržite ga na srednje jakoj vatri. Posolite i pržite 12 minuta.

2. Kokosovo mlijeko, zelenu curry pastu i batat kuhajte na srednje jakoj vatri i kuhajte 5 minuta.

3. Sada dodajte brokulu i tofu i kuhajte skoro 5 minuta dok se boja brokule ne promijeni.

4. Poslužite ovaj kokos i zeleni curry sa šakom kuhane riže i puno grožđica na vrhu.

Nutritivne informacije:Kalorije 170 Ugljikohidrati: 34 g Masti: 2 g Proteini: 3 g

www.ingramcontent.com/pod-product-compliance
Lightning Source LLC
Chambersburg PA
CBHW071434080526
44587CB00014B/1837